VISUAL BASIC

비주얼베이직

손달호 지음

계명대학교 출판부

Contents

Chapter 01

VISUAL BASIC소개

Visual Basic이란?

지금까지는 윈도우에서 사용자가 주인이었고 프로그래머들은 사용자들을 위해 무척이나 많은 수고를 해야 했다. 그러나 이젠 사용자들만 컴퓨터의 도움을 얻는 것이 아니라 프로그래머들 역시 컴퓨터의 도움을 얻을 수 있게 된 것이다. 윈도우가 PC의 새로운 운영환경으로 생각되는 것과 같은 의미로, 비주얼 베이직 역시 새로운 세대를 맞아 변모한 BASIC이라고 할 수 있는 것이다. 비주얼 베이직에서의 애플리케이션 작성은 크게 다음과 같은 세 단계로 나누어진다.

① 원하는 윈도우들을 그린다.
② 버튼, 텍스트박스 등의 컨트롤들의 속성(Properties)을 설정한다.
③ 연계된 사건에 대한 코드를 작성한다.

비주얼 베이직은 Windows나 windows NT용 응용프로그램을 쉽고 빠르게 개발할 수 있는 강력한 개발툴이다. 비록 전문프로그램 개발자들이 비주얼 베이직을 사용하지만 초보자도 비주얼 베이직을 사용하여 응용 프로그램을 개발할 수 있다.

다음은 비주얼 베이직의 대표적인 특징이다.

첫째, 비주얼 베이직은 여러 개발 플랫폼을 제공하고 있다. Windows 95, Windows NT 등 여러 OS 환경에서 개발할 수 있는 다중 플랫폼을 제공한다.

둘째, 초보자도 작성하기 쉬운 BASIC언어를 제공한다. 베이직 언어는 오늘날 전 세계적으로 사용되는 BASIC언어에 기초하기 때문에 초보자도 쉽게 사용할 수 있다.

세째, 어플리케이셔을 개발하는데 빠른 개발환경과 높은 생산성을 제공한다. 비주얼 베이직은 다양한 ActiveX 컨트롤 제공으로 인터페이스를 다양하게 구성할 수 있는 환경과 어플리케이션을 손쉽고 빠르게 개발할 수 있는 비주얼 환경을 제공한다.

네 번째, 마이크로소프트 오피스에 공통적으로 사용하는 Visual Basic for Application을 제공한다. Visual Basic for Application은 마이크로소프트 오피스제품에서 공통적으로 사용되는 프로그래밍 언어이다.

비주얼 베이직 실행방법

[바탕화면에서 "비주얼 베이직" 아이콘을 클릭한다]

[표준.EXE를 클릭하여 프로그매밍 작업에 들어간다.]

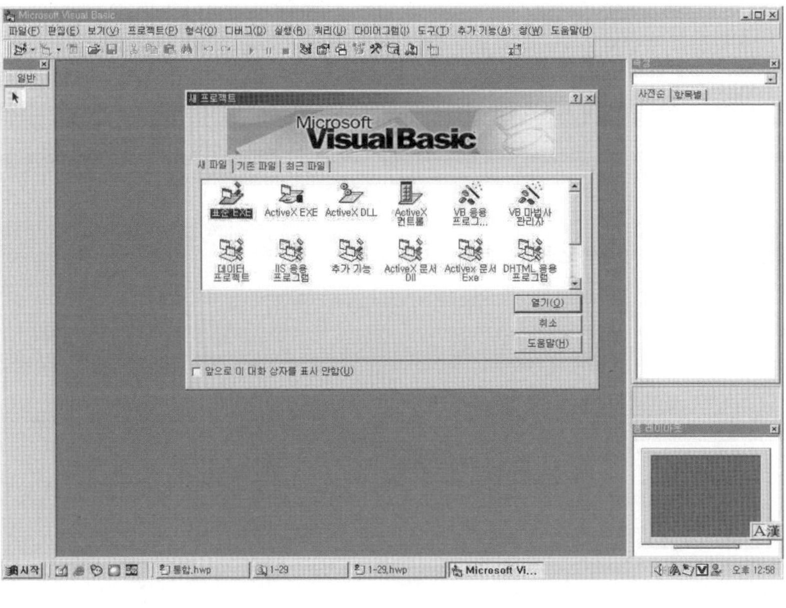

[폼]을 열어서 원하는 작업을 수행한다.

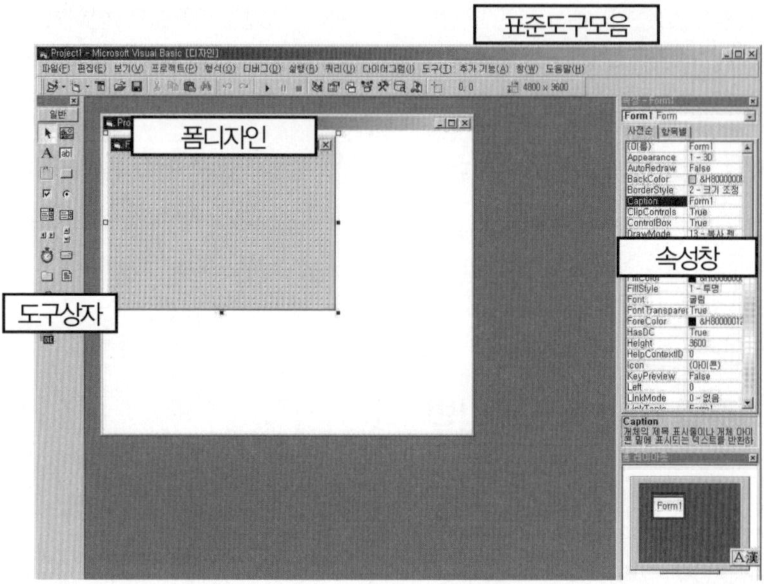

메뉴 표시줄

파일(F) : 프로젝트를 열고 저장하는 명령들과 실행 가능한 파일을 작성하고 최근의 프로젝트목록을 보는 명령을 포함합니다.

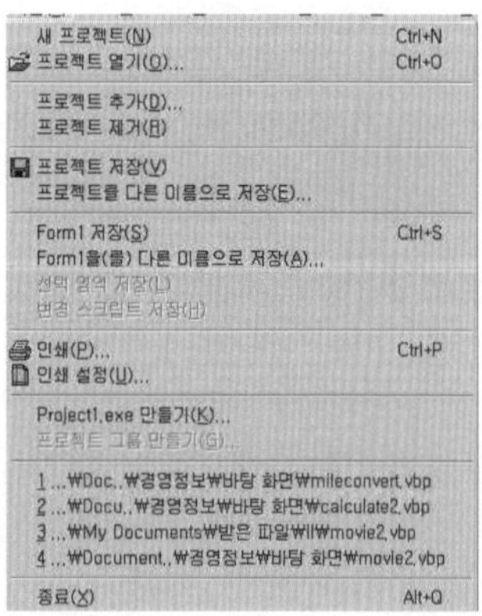

편집(E) : 일반 편집 명령(UNDO, COPY, PASTE) 등 코드 편집 명령(FIND, REPLACE)을 갖고 있습니다.

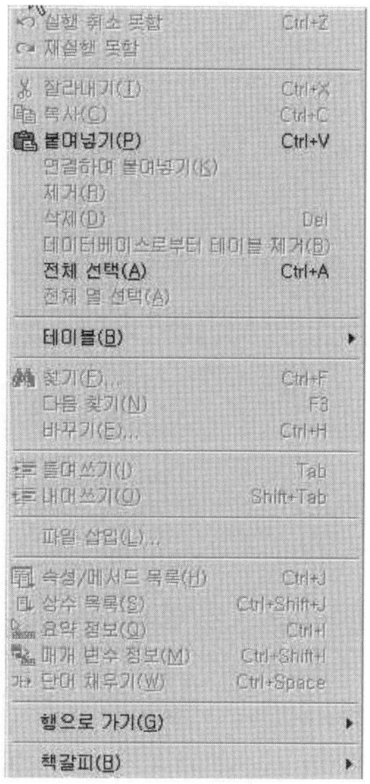

보기(V) : IDE 컴포넌트를 보여주고 숨기는 명령어들을 갖고 있습니다.

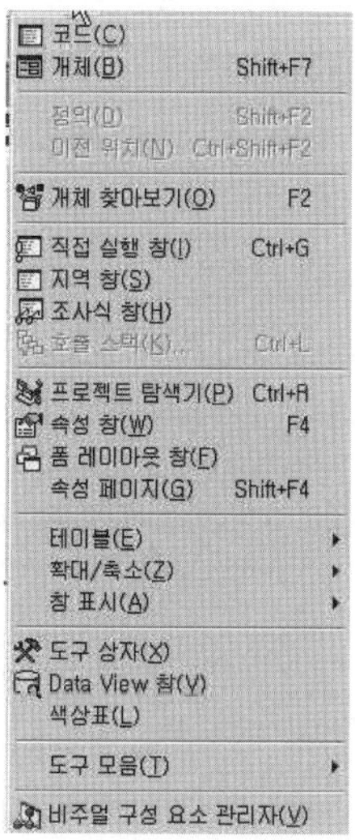

프로젝트(P) : 현재의 프로젝트에 컴포넌트를 추가하기와 Windows 객체에 참조사항 추가하기, 툴박스에 새로운 툴 추가하기 명령어가 있습니다.

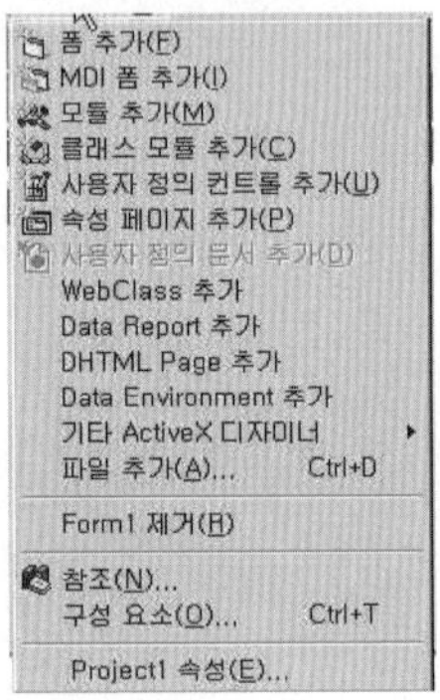

형식(O) : 폼에서 컨트롤을 정렬하는 명령어를 갖고 있다. 이전 버전의 비주얼 베이직에서 상당히 많이 사용되는 툴입니다.

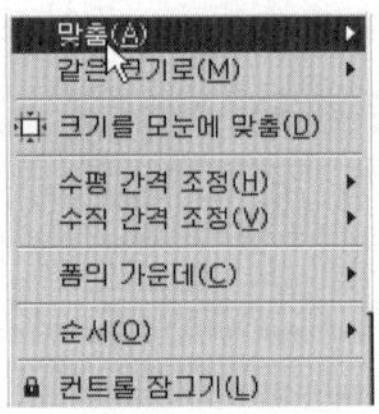

디버그(D) : 보통의 디버깅 명령어입니다.

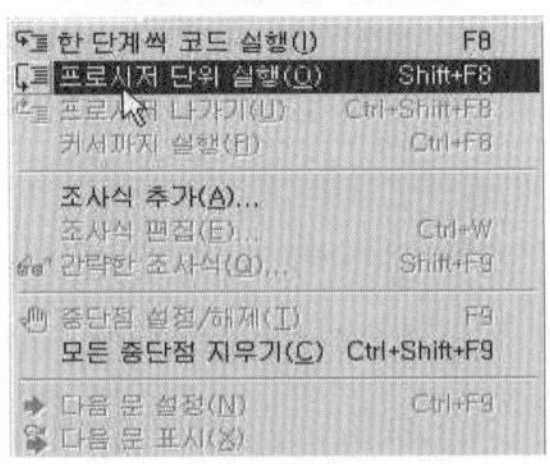

실행(R) : 어플리케이션 실행의 시작, 멈추기, 끝내기 명령을 갖고 있습니다.

쿼리(U)

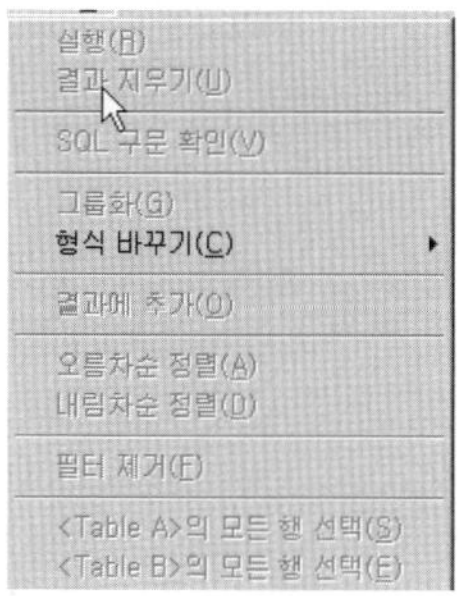

다이어그램(I)

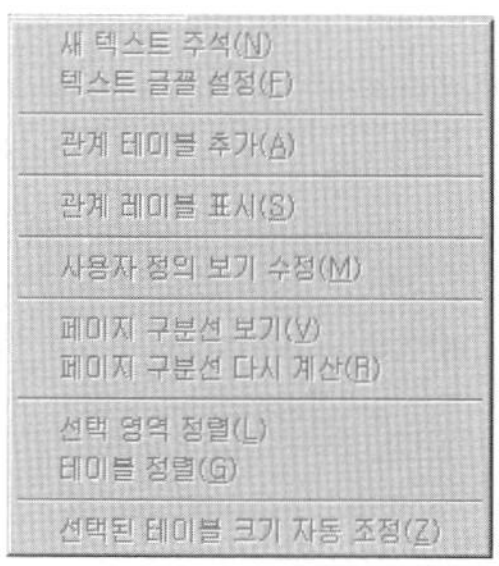

도구(T) : ACTIVE-X 컴포넌트와 ACTIVE 컨트롤을 구축하는데 필요한 툴을 갖고 있으며, 환경을 사용자에게 맞게 설정하는 MENU EDITOR와 OPTION을 시작하는 명령을 갖고 있습니다.

추가기능(A) : 필요에 따라 추가하거나 제거하는 에드인을 갖고 있습니다.

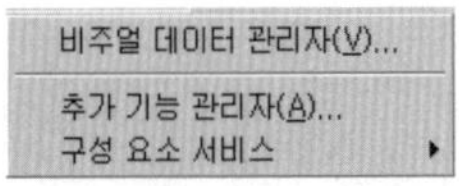

창(W) : 화면상의 윈도우들을 정렬하는 명령을 갖고 있다. 이것은 윈도우 에플리케이션의 표준적인 윈도우메뉴이다.

도움말(H) : 작업을 도와주는 정보를 갖고 있다.

도구모음

○ 표준도구 모음은 비주얼 베이직에서 가장 많이 사용되는 프로젝트 열기, 프로젝트 저장 시작, 일시 중지 및 종료와 같은 명령 단

추를 포함합니다. 또한 프로젝트 탐색기, 속성창, 도구상자 그리고 비주얼 베이직 개발 환경의 다른 요소들을 표시하는 단추들이 포함되어 있습니다.

- ○ 표준 EXE프로젝트 추가 - 현재의 작업에 다른 새로운 프로젝트를 추가합니다.
- ○ 폼 추가 - 현재의 프로젝트에 새로운 폼을 추가합니다.
- ○ 메뉴 편집기 - 메뉴를 쉽게 만들 수 있는 메뉴 편집기를 실행합니다. 작성된 메뉴는 폼에 나타납니다.
- ○ 프로젝트 열기 - 기존에 저장되어 있는 다른 프로젝트를 읽어 들입니다.
- ○ 프로젝트 저장 - 현재 작업하는 프로젝트를 저장합니다.
- ○ 잘라내기 - 현재 지정된 항목을 클립보드로 잘라냅니다. 잘라내는 데이터는 텍스트 코드일수도 있고, 폼위에 배열되는 컨트롤일 수도 있습니다.
- ○ 복사 - 현재 지정된 항목을 클립보드로 복사합니다.
- ○ 붙여넣기 - 클립보드에 저장되어 있는 항목을 정해진 위치로 붙여넣습니다.
- ○ 찾기 - 코드 에디터에서 지정된 문자열을 찾을 때 사용합니다.
- ○ 실행 취소 - 수정된 내용을 이전 상태로 환원시키는 UNDO 기능입니다.
- ○ 재실행 - 실행 취소기능으로 취소된 내용을 다시 환원하는 REDO 기능입니다.

○ 시작 - 프로그램을 실행시킵니다.

○ 중단 - 현재 동작중인 프로그램을 일시 중지시킵니다.

○ 종료 - 실행중인 프로그램의 수행을 완전히 끝내고 비주얼 베이직 환경으로 돌아옵니다.

○ 프로젝트 탐색기 - 프로젝트 탐색기 나타나게 합니다. 이것은 기본적으로 화면에 나타나 있습니다.

○ 속성 창 - 속성 창을 나타나게 합니다. 이것은 기본적으로 화면에 나타나 있습니다.

○ 폼 배치 창 - 폼의 시작 위치를 설정하는 폼 배치 창을 나타나게 합니다.

○ 개체 찾아보기 - 사용할 수 있는 각종 개체를 쉽게 찾아볼 수 있는 화면을 보여줍니다.

○ 도구상자 - 컨트롤들이 모여 있는 도구 상자를 화면에 나타나게 합니다.

○ 데이터 보기 창 - 데이터베이스와 관련되어 저장된 데이터들을 찾아볼 수 있는 화면을 보여 줍니다.

도구상자

○ 도구상자는 응용프로그램의 사용자 인터페이스를 만들어내는 폼에 추가할 수 있는 개체와 컨트롤로 구성됩니다. 프로젝트 메뉴의 구성요소 메뉴를 사용하여 도구상자에 새로운 컨트롤을 추가합니다.

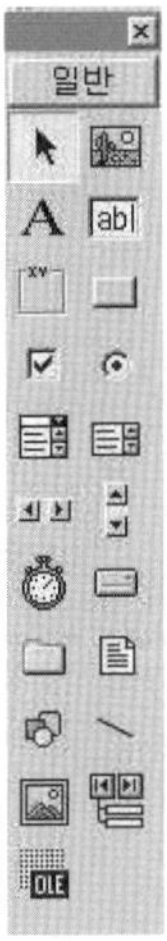

컨트롤	내 용	컨 트 롤	내 용
Pointer	마우스 포인터	Picturebox	그림상자
Label	라벨	Textbox	글상자
Frame	프레임	CommandButton	명령버튼
Checkbox	체크상자	OptionButton	옵션버튼
Combobox	복합상자	Listbox	목록상자
Hscrollbar	수평스크롤바	Vscrollbar	수직스크롤바
Timer	타이머	Drive List	드라이브
Directory	디렉토리	File List	파일
Shape	도형	Line	선
Image	이미지	Data	데이터
OLE Object	삽입객체		

표준컨트롤

컨트롤	이 름	설 명
	포인터	폼위의 컨트롤의 크기를 조정하거나 이동할 때 사용합니다.
	그림박스	비트맵, 아이콘 또는 윈도우 메타 파일들의 그림을 나타내거나 다른 컨트롤을 포함할 때 사용됩니다.
	레이블	레이블 컨트롤은 사용자가 수정할 수 없는 텍스트를 표시할 때 사용합니다.
	텍스트 박스	텍스트 박스 컨트롤은 사용자가 텍스트를 입력하거나 표시 할 때 사용합니다.
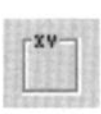	프레임	프레임 컨트롤은 기능적으로 하나의 그룹을 나타낼 때 사용됩니다.
	명령버튼	사용자가 어떤 명령이나 기능을 수행할 때 사용됩니다.
	체크박스	체크 박스 컨트롤은 참/거짓 또는 예/아니오 옵션을 나타낼 때 사용됩니다.
	옵션버튼	옵션 버튼 컨트롤은 하나의 구룹으로 묶여있는 여러 옵션 버튼중에서 하나만을 선택할 때 사용됩니다.

컨트롤	이 름	설 명
	콤보박스	콤보박스 컨트롤은 텍스트 박스 컨트롤과 리스트 박스 컨트롤이 결합된 형태로 텍스트 박스에 데이터를 입력하거나 리스트 박스에서 항목을 선택할 때 사용됩니다.
	리스트박스	리스트박스 컨트롤은 사용자가 선택할 수 있는 항목의 리스트를 제공하고 하나 또는 여러개를 선택할 수 있게 합니다.
	수평 스크롤바	사용자 수평 범위내에서 하나의 값을 선택할 수 있게 합니다.
	수직 스크롤바	사용자가 수직 범위내에서 하나의 값을 선택할 수 있게 합니다.
	도형	도형 컨트롤은 폼위에 사각형, 원등을 나타낼 때 사용됩니다.
	선	선 컨트롤은 폼위에 직선을 나타낼 때 사용됩니다.
	이미지	이미지 컨트롤은 비트맵, 아이콘, 또는 윈도우 메타파일을 표시합니다.
	데이터	데이터 컨트롤은 기존의 데이터베이스에 연결할 때 사용됩니다.

프로젝트 탐색기 창

○ 프로젝트 탐색기 창은 현재 프로젝트를 구성하는 폼, 모듈 그리고 리소스 파일 등의 리스트를 보여줍니다. 프로젝트 탐색기 창에 있는 폼 보기와 코드 보기 단추를 사용하여 폼과 코드 사이를 쉽게 전환 할 수 있습니다

프로젝트의 파일 유형

파일유형	확장자	설 명
폼파일	.FRM .FRX	이 파일은 폼과 폼 위의 개체, 그리고 폼에 이벤트가 일어날 때 수행될 코드가 포함합니다.
표준모듈	.BAS	이 모듈은 폼이나 폼의 개체에 의해 호출될수 있는 Sub와 Function 프로시저를 포함합니다.
클래스모듈	.CLS	이 모듈은 클래스의 정의, 메서드 및 속성을 포함합니다.
리소스 파일	.RES	이 파일은 응용 프로그램에 의해 사용되는 이진정보를 포함합니다. 리소스 파일은 여러 언어를 사용하는 프로그램을 작성할 때 사용됩니다.
사용자정의 컨트롤	.OCX	표준 컨트롤 외에 제공되는 컨트롤입니다. 사용자 정의 컨프롤은 MS와 외부 개발 업체로부터 구할수 있습니다.
사용자 컨트롤	.CTL .CTX	이 피일은 ActiveX 컨트롤의 컨트롤과 이진 정보를 포함합니다.
사용자 문서	.DOB .DOX	이 파일은 ActiveX 컨트롤의 컨트롤과 이전 정보를 포함합니다.

속성창

○ 속성창에는 선택된 폼이나 프로그램이 편집되는 동안 수정될 수 있는 컨트롤의 속성 설정 목록이 나타납니다. 속성은 크기, 제목, 색상과 같은 개체의 특성을 말합니다.

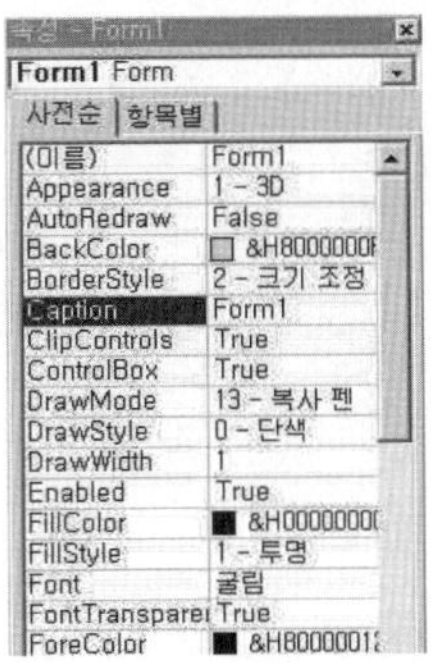

폼 디자인 창

○ 비주얼 베이직에서 폼은 응용 프로그램에서 사용되는 창을 말합니다. 응용 프로그램의 각 폼을 위해 비주얼 베이직은 디자인 모드에 폼과 폼에 놓은 컨트롤을 포함하는 폼 디자인 창을 제공합니다.

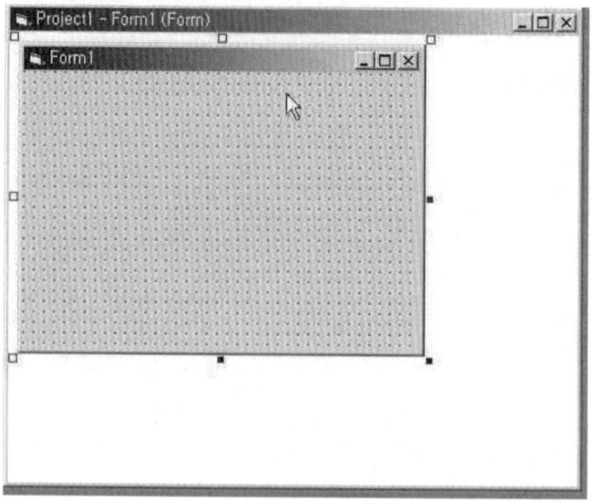

폼 배치 창

○ 다른 말로 폼 레이아웃 창이라고도 하며 현재 폼이 프로젝트 화면에서 위치하는 구역을 표시하는 기능을 수행합니다.

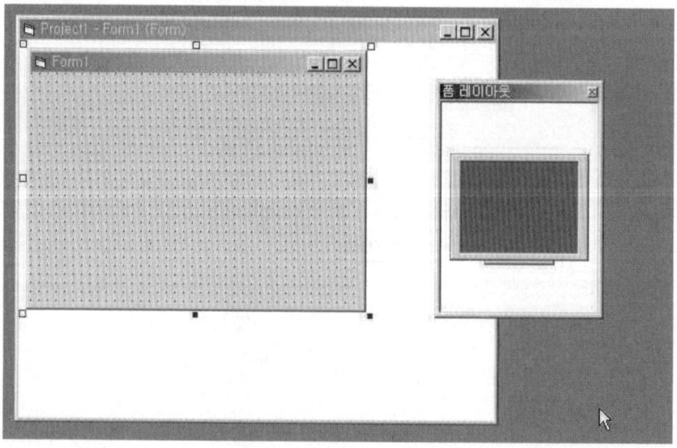

Chapter 02

명령버튼, 라벨, 텍스트박스

명령버튼

명령버튼은 대부분의 윈도우즈 응용 프로그램에서 기본적으로 사용된다. 명령 버튼을 통하여 사용자는 이벤트에 응답하고, 사용자는 프린트할 준비가 되었을 때 신호를 보내고, 프로그램에게 종료될 시기를 말해줄 수 있다. 비록 모든 명령버튼이 기본적으로 동일한 방식으로 동작하지만 - 사용자가 그것을 클릭하였을때 시각적으로 눌려지고 Click 이벤트를 구동시킨다는 점 - 명령 버튼마다 수많은 속성들이 서로 다르게 정의되어 있어 그에 따라 서로 다르게 동작한다.

라벨

라벨은 폼 상에서의 텍스트를 갖고 있다. 텍스트를 출력하기 위한 여러 가지 방법이 있지만, 레이블 컨트롤은 폼 상에서 비주얼 베이직 코드를 이용하여 변경할 수 있는 메시지의 표시를 할 수 있게 해준다. 그러나 사용자가 텍스트 컨트롤의 값은 변경할 수 없다.

텍스트박스

텍스트 박스 컨트롤은 디폴트값을 표시하고 사용자 입력을 받아들인다. 텍스트 상자 컨트롤은 사용자가 어떻게 데이터를 입력하고 질문에 어떻게 응답하는지와 표시할 스크롤들을 결정할 수 있게 한다.

Form, Label, Command, Text의 주요 속성

1. Form : 폼은 컨트롤을 배치하여 사용합니다. 주요 속성은 다음과 같습니다.

   ① Caption : 폼의 제목에 문자열을 출력할 경우 사용합니다.

② BorderStyle : 폼 형태를 여섯가지 형태로 만들어 줄 수 있습니다. '0-없음'을 설정하여 폼에 조절 메뉴상자가 화면에 나타나지 않습니다.

③ StartUpPosition : 폼이 실행되었을 경우의 위치를 반환하거나 설정하는 속성입니다. 네가지 종류 형태로 설정할 수 있습니다

④ MinButton : 조절 메뉴상자의 최대화버튼의 유무를 설정합니다 True이면 최대화 버튼이 조절 메뉴상자에 나타납니다.

⑤ WindowState : 폼 창의 실행된 상태(최소화, 최대화, 보통)를 설정하거나 변환합니다.

2. Label : 라벨 컨트롤은 문자열이나 숫자를 출력하기 위해서 사용됩니다. 주요 속성은 다음과 같습니다.

① Caption : 라벨 컨트롤에 문자열을 출력할 경우에 사용됩니다.

② Autosize : True이면 자동으로 문자열을 출력할 경우에 사용됩니다.

③ BackStyle : 컨트롤을 겹쳐서 사용할 경우 겹쳐서 출력여부를 설정합니다.

④ BorderStyle : 테두리 모양을 설정합니다. [단일고정]을 선택하면 테두리가 3D형태로 바뀝니다.

⑤ WordWrap : True이면 위, 아래 방향으로 문자열 크기를 자동으로 설정합니다.

3. Command : 명령 버튼 컨트롤은 명령을 지시하거나 취소 등을 하는 경우에 많이 사용합니다.

① Picture : 그림파일을 읽어오기 위해 설정합니다. Style 속성이

'1-그래픽'으로 설정된 경우에만 적용되고 '0-일반'으로 되어 있으면 아무런 변화가 없습니다.

② Style : 일반적인 명령 버튼을 만들 것인지, 그림을 포함한 명령 버튼을 만들 것인지 결정합니다.

③ Visible : 명령버튼을 폼에 나타남의 유무를 설정합니다. True이면 폼에 나타나고 False이면 나타나지 않습니다.

4. Text : 텍스트박스 컨트롤은 문자열이나 숫자 등을 입력받거나 출력할 수 있는 컨트롤입니다. 주요속성은 다음과 같습니다.

① Locked : 텍스트박스 안의 내용 편집 유무를 설정합니다. True이면 편집할 수 없습니다.

② MaxLength : 텍스트박스 안에 입력할 수 있는 최대 문자열 길이를 설정합니다.

③ MultiLine : 텍스트박스를 여러 라인의 문자열을 편집할지 여부를 설정합니다. True이면 여러 라인의 문자열을 사용할 수 있습니다.

④ PassWordChar : 텍스트박스에서 입력한 문자가 화면에 나타나지 않고 이 속성에 설정된 문자가 대신 화면에 출력하게 합니다. 암호를 입력하는 프로그램을 만들 경우에 사용합니다.

⑤ Text : 문자열이나 숫자 등을 출력하거나 반환합니다.

⑥ SelStart : 반전을 시작할 위치를 설정합니다. [속성창]에서 설정할 수 없습니다.

⑦ SelLength : SelStart 속성의 시작 위치부터 반전할 문자열 길이를 설정합니다. [속성창]에서 설정할 수 없습니다.

예제 2.1 폼(Form)에 Label 속성을 이용해 “안녕하세요”라고 출력해 보자.

① 명령버튼 툴 (툴 박스의 오른편 위에서 세 번째에 있는 버튼 모양의 툴)을 더블 클릭해서 폼의 중앙에 명령 버튼이 나타나게 한다.

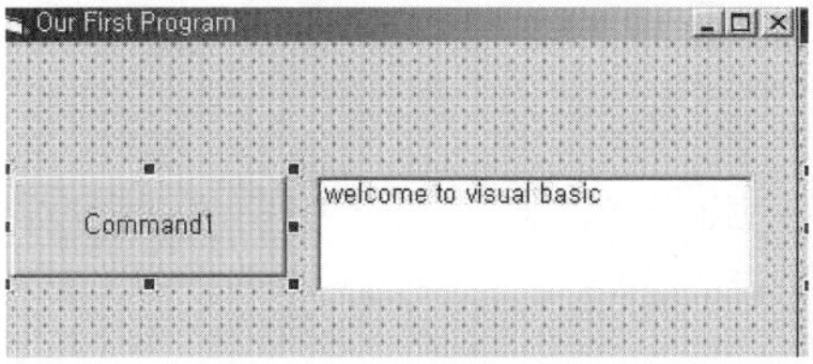

[명령 버튼 만들기]

② 속성 윈도우에서 이 명령 버튼의 Caption속성을 선택해서 Click Me로 바꾼다.

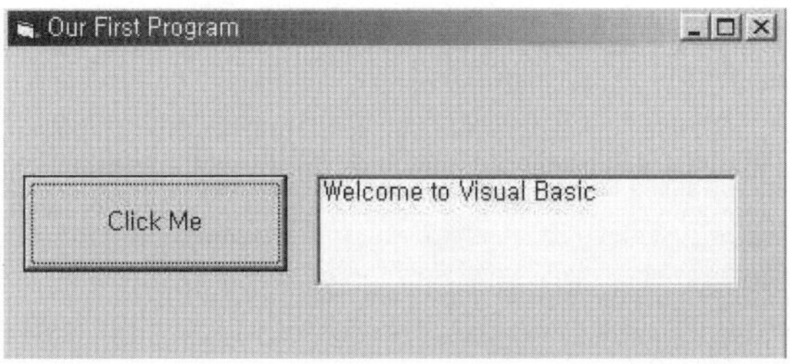

텍스트 박스를 선택해서 속성 리스트 박스에서 Text 속성을 선택한 후 거기에 있는 글자들을 모두 지워서 텍스트 박스가 텅 비도록 한다. 명령버튼을 텍스트 박스에 연결해서 버튼을 누르면 Welcome to Visual Basic 이 텍스트 박스에 나타나도록 한다. 그렇게 되려면 Click Me 버튼을 누르면 실행될 명령문을 작성을 해야 한다.

코드 윈도우(Code Window)에서 Text1.Text = Welcome to Visual Basic을 작성한다.

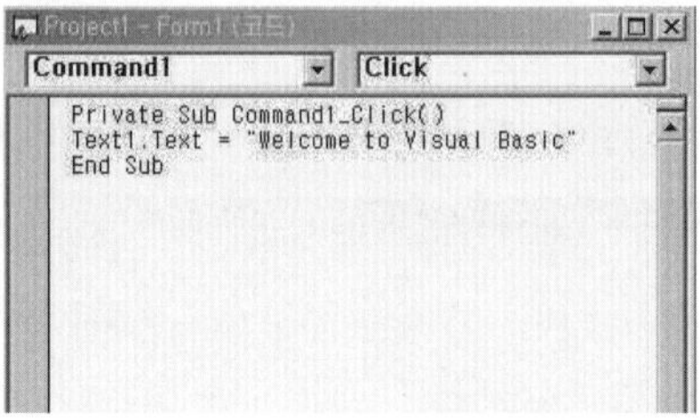

예제 2.2 Form1에 CommandButton을 1개 만든 다음, 이 버튼을 누르면 "안녕하세요"가 "홍길동입니다"로 바뀌게 하여 보자.

① [새 프로젝트]-[표준EXE]-[확인] 메뉴를 실행시켜서 새로운 Form 화면을 구성한다.

② 도구상자에서 Label 컨트롤을 클릭한다.

③ Label 컨트롤을 폼 화면위에 원하는 위치에 원하는 크기로 드래그(끌기)해서 배치시킨다.

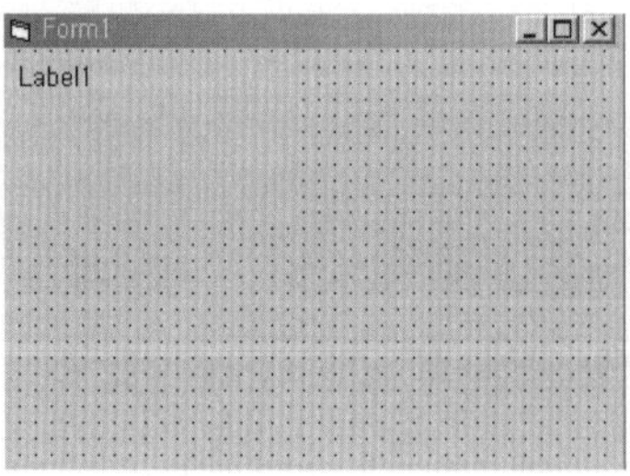

④ 도구상자에서 CommandButton을 클릭한다. 그 다음 위 그림처럼 적당한 위치에 마우스를 드래그해서 CommandButton을 배치한다.

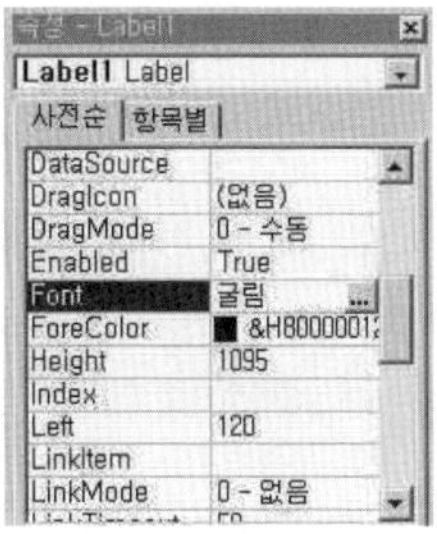

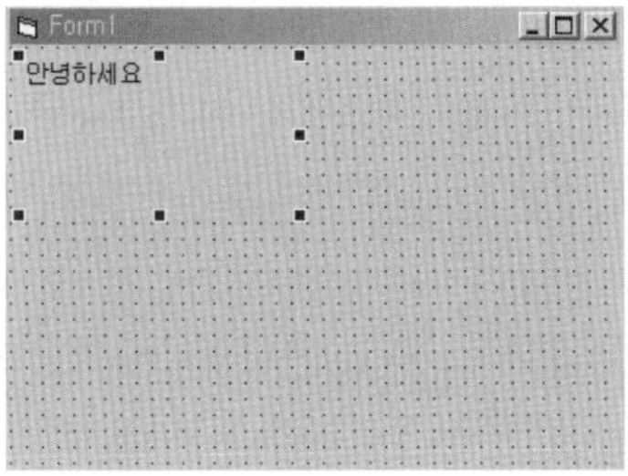

⑤ 마우스 포인터를 [Command1] 버튼 위에 놓고 더블 클릭하면 아래와 같은 코드를 작성할 수 있는 창이 나타난다. 여기에 코드를 입력한다.

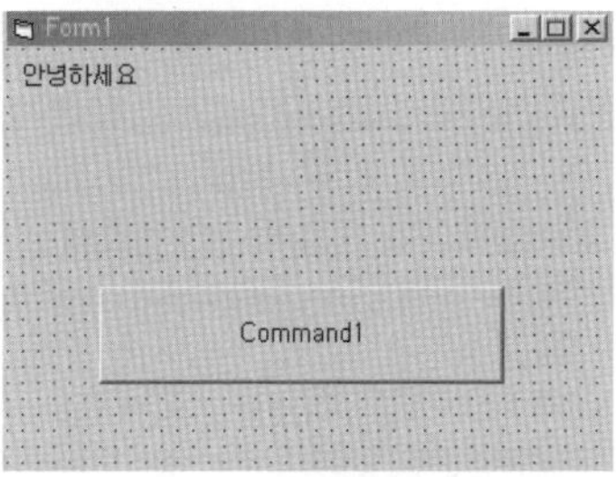

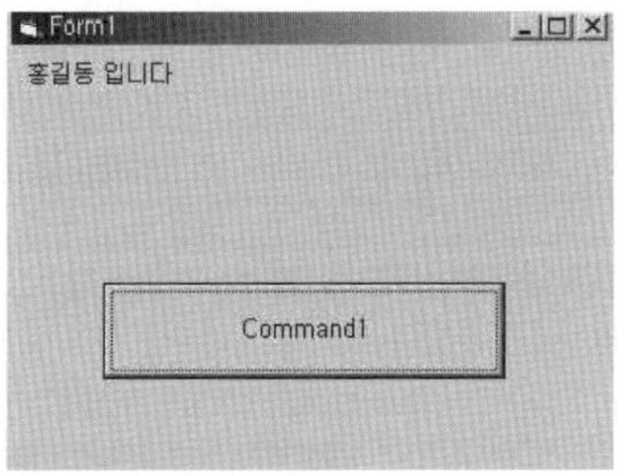

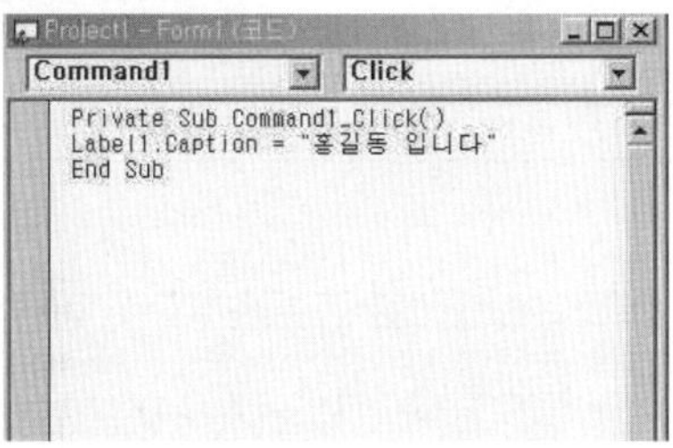

⑥ 코드 입력이 끝나면 이어서 실행버튼(▶)을 클릭해서 직접 실행시킨다.

⑦ 실행 화면에서 [Command]버튼을 클릭하면 결과를 확인할 수 있

다. 결과를 확인했다면 이를 중지시키고 다시 Form1 화면으로 돌아가기 위해서 실행 중지 버튼(▼)을 클릭한다. 참고로 화면상 활성화하고 싶다면 오른쪽 상단에 표시되는 [프로젝트 창]의 버튼을 클릭하면 된다. 왼쪽 버튼은 코드를 활성화하며, 오른쪽 버튼은 Form을 활성화한다.

예제 2.3 폼 위에 CommandButton을 아래와 같이 만든 다음 "Disable" 버튼을 누르면 "Command3" 버튼이 비 활성화(Disable)되도록 하고, "Enable" 버튼을 누르면 "Command3" 버튼이 다시 활성화(Enable) 되도록 해보자.

컨트롤 종류	컨트롤명	코 딩
명령버튼	Command1	Private Sub Command1_Click() Command3.Enabled = True End Sub
	Command2	Private Sub Command2_Click() Command3.Enabled = False End Sub
	Command3	

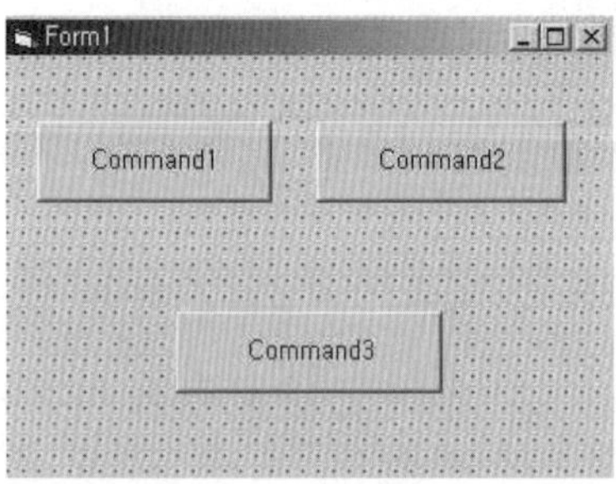

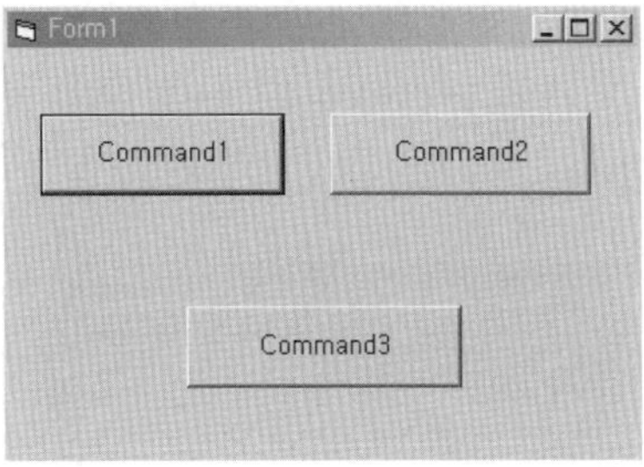

예제 2.4 국어, 영어, 수학을 입력하고 결과버튼을 누르면 평균을 출력하는 프로그램을 작성하기 바랍니다. 폼 작성 화면은 다음과 같습니다.(평균은 소수점 1자리만 출력합니다.) 프로그램을 실행시켰을때 국어, 영어, 수학에 값을 넣은 후 결과(명령버튼)를 클릭하면 51.7(Label4)값이 출력됩니다.

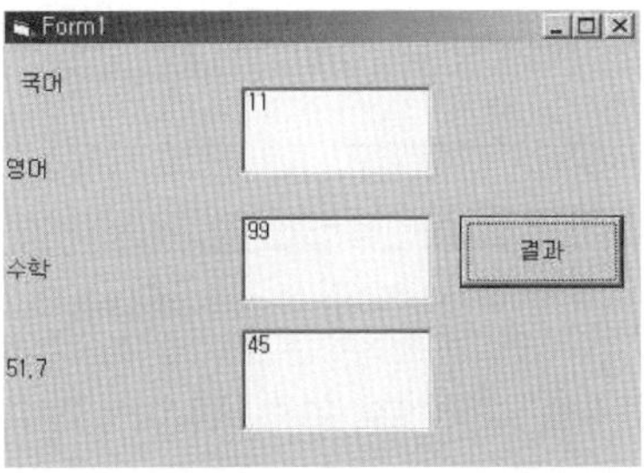

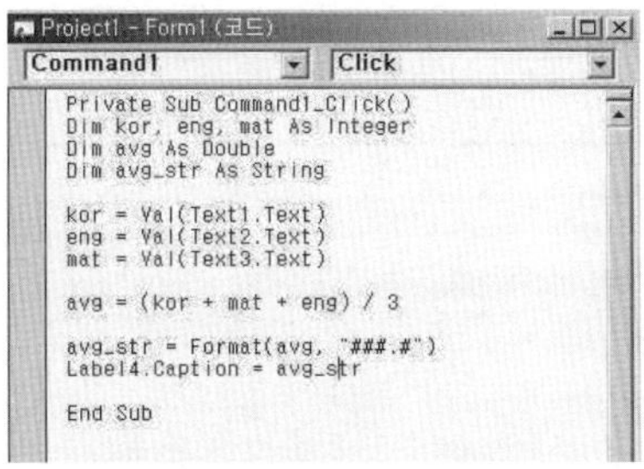

컨트롤 종류	컨트롤명	속 성	설 정
라벨	Label1	Caption	"국어"
	Label2	Caption	"영어"
	Label3	Caption	"수학"
	Label4	Caption	""
텍스트 박스	Text1	Caption	""
	Text2	Caption	""
	Text3	Caption	""
명령 버튼	Command1	Caption	"결과"

예제 2.5 텍스트 박스 컨트롤을 이용하여 두 수의 합을 입력받은 후 결과 버튼을 누르면 라벨 컨트롤에 두 수의 곱이 출력되는 프로그램을 만들기 바랍니다.

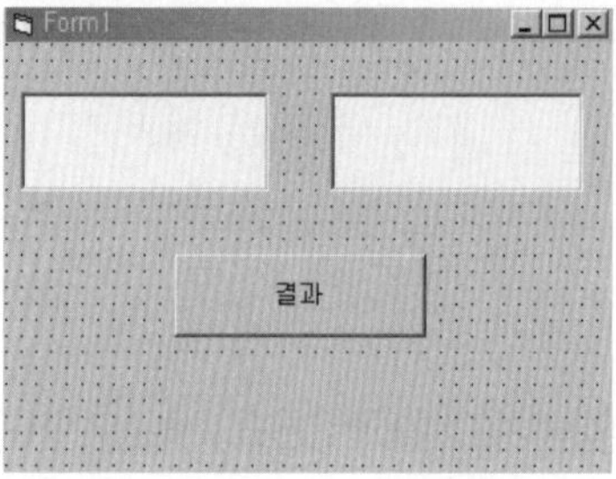

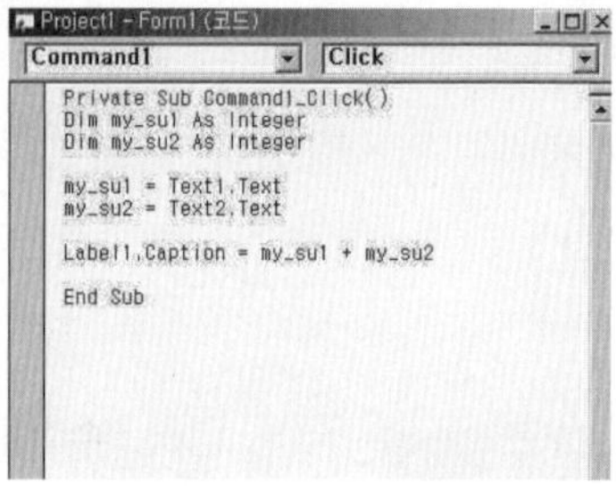

컨트롤 종류	컨트롤명	속 성	설 정
텍스트박스	Text1	Caption	“”
	Text2	Caption	“”
명령버튼	Command1	Caption	“결과”
라벨	Label1	Caption	“”

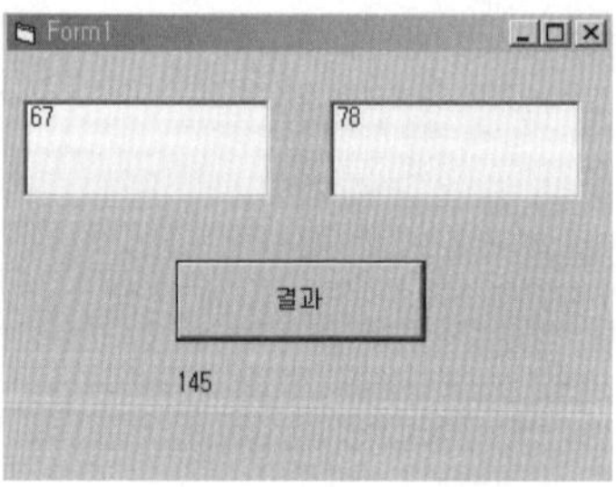

결과를 실행시켰을 시 텍스트 박스에 값을 67, 78을 넣고 결과(명령버튼) 버튼을 눌렀을 시 라벨(145) 출력됨.

예제 2.6 다음은 원하는 구구단 숫자를 입력하면 구구단 결과값을 출력하는 프로그램이다.

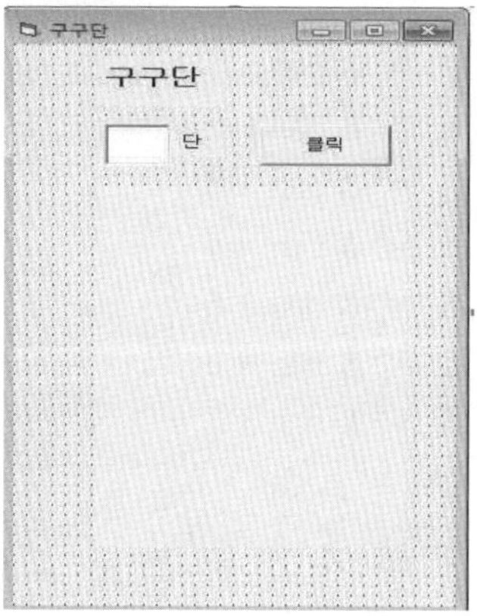

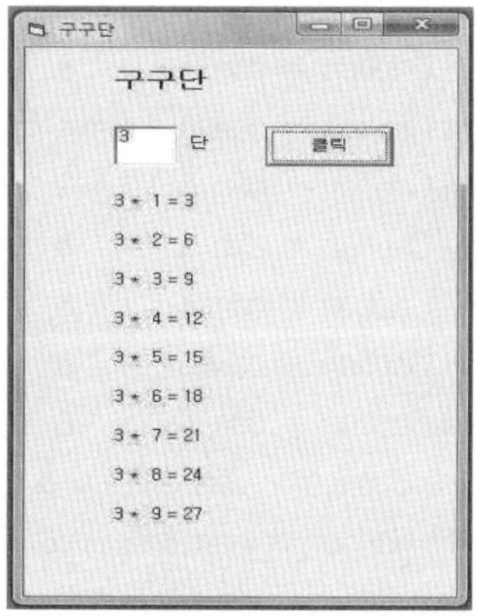

컨트롤 종류	컨트롤명	속 성	설정값
라벨	Label1	caption	구구단
	Label2	caption	단
	Label3	caption	""
	Label4	caption	""
	Label5	caption	""
	Label6	caption	""
	Label7	caption	""
	Label8	caption	""
	Label9	caption	""
	Label10	caption	""
	Label11	caption	""
텍스트박스	Text1	caption	""
명령버튼	Command1	caption	클릭

□ 소스코드

```
Private Sub Command1_Click( )
dan = Val(Text1.Text)
Label3.Caption = dan & " * " & " 1 " & "=" & dan * 1
Label4.Caption = dan & " * " & " 2 " & "=" & dan * 2
Label5.Caption = dan & " * " & " 3 " & "=" & dan * 3
Label6.Caption = dan & " * " & " 4 " & "=" & dan * 4
Label7.Caption = dan & " * " & " 5 " & "=" & dan * 5
Label8.Caption = dan & " * " & " 6 " & "=" & dan * 6
Label9.Caption = dan & " * " & " 7 " & "=" & dan * 7
Label10.Caption = dan & " * " & " 8 " & "=" & dan * 8
Label11.Caption = dan & " * " & " 9 " & "=" & dan * 9
End Sub
```

Chapter 03

옵션버튼, 프레임, 체크박스

OptionButton/Frame

일반적으로, Optionbutton은 그룹 내에서 오직 하나의 선택만 할 수 있도록 할 때 쓰인다. Optionbutton 컨트롤은 보통 Frame, PictureBox 컨트롤 혹은 Form 객체로 그룹화 시킨다. Frame으로 옵션버튼을 그룹화 시키면, 또 그룹 내에서 한 개의 옵션 버튼을 선택할 수 있다.

여기서 Frame은 Optionbutton 그룹의 컨테이너 역할을 수행했다. 컨테이너란 개체를 담고 있는 것을 말한다. 즉, Form 개체는 전체 컨테이너 역할을 하고, 두 개의 Frame 컨트롤이 Optionbutton 그룹의 컨테이너 역할을 하고 있다. 개체가 컨테이너 안으로 들어가려면 반드시 컨테이너 개체를 먼저 추가하고, 도구 모음에서 컨트롤을 클릭(더블클릭하면 안된다) 한후, 마우스 포인터를 컨테이너 안으로 옮겨 컨트롤을 그려야 한다.

CheckBox

CheckBox는 Optionbutton과 다르게, 그룹 내에서 동시에 다중 선택을 할 수 있다. 즉, Optionbutton은 그룹 내에서 서로 배타적이기 때문에 오직 하나만 선택할 수 있지만, CheckBox 역시 Optionbutton처럼 Value 속성으로 선택 여부를 결정하고 확인할 수 있다. CheckBox의 기본 속성은 Optionbutton과 마찬가지로 Value 속성이다. CheckBox의 Value속성에는 옵션버튼과 조금 다르게 세가지 속성값(0-선택안함, 1-선택함, 2-회색표시)을 가지고 있다.

예제 3.1 체크박스와 옵션버튼을 이용한 쇼핑카터 문제이다. 상품목록에서 상품을 선택하고 결제수단을 선택하고 계산버튼을 클릭한다. 결과는 선택한 상품목록의 가격과 결제수단이 텍스트에 나타나게 된다.

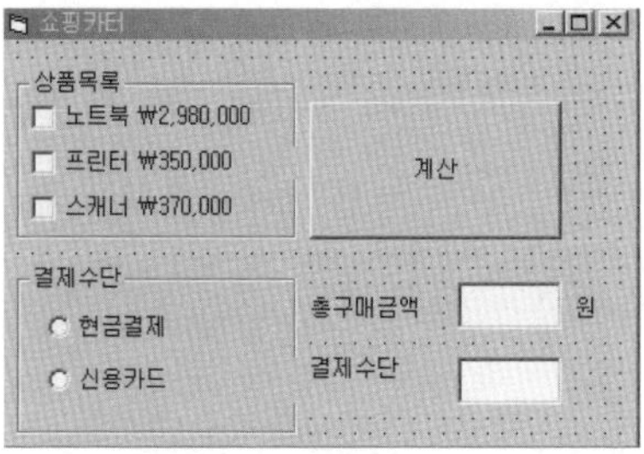

개 체	속 성	설 정
폼	Caption	"쇼핑카터"
프레임	Caption	"상품목록"
	Caption	"결제수단"
체크박스	Name	Check1
	Caption	"노트북₩2,980,000"
	Name	Check2
	Caption	"프린터 ₩350,000"
	Name	Check3
	Caption	"스캐너 ₩370,000"
옵션버튼	Name	Option1
	Caption	"현금결제"
	Name	Option2
	Caption	"신용카드"
명령버튼	Name	"cmdCalc"
	Caption	"계산"
텍스트박스	Name	"txtAmount"
	Name	"txtMethod"
라벨	Name	Label1(총구매금액)
	Name	Label2(결재수단)

코드화면 및 실행화면

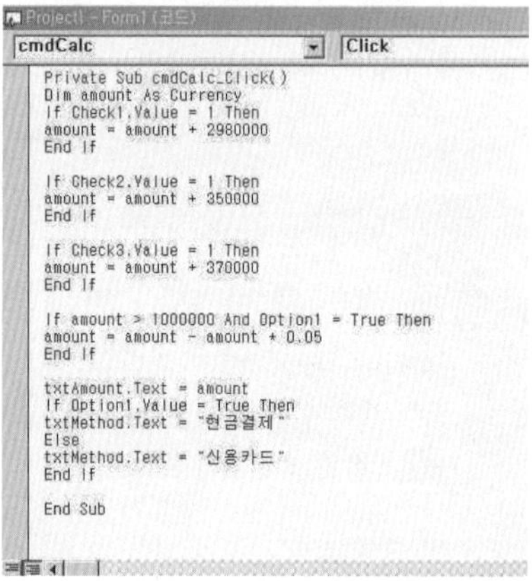

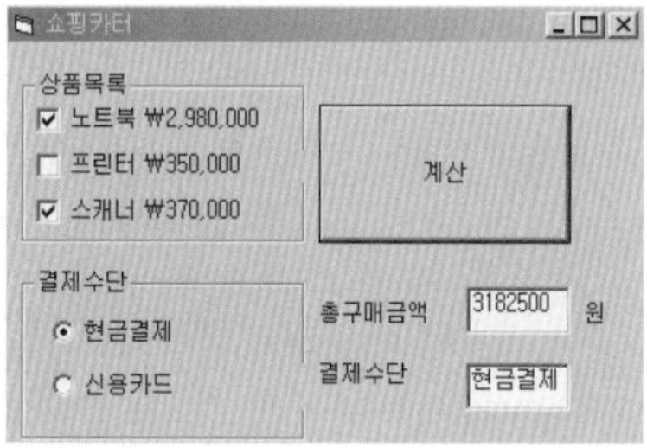

예제 3.2 라벨글자모양내의 강조, 기울임 및 밑줄을 선택하면 "라벨:비쥬얼베이직"이라는 글자가 선택한 글자모양에 따라 바뀌는 프로그램입니다.

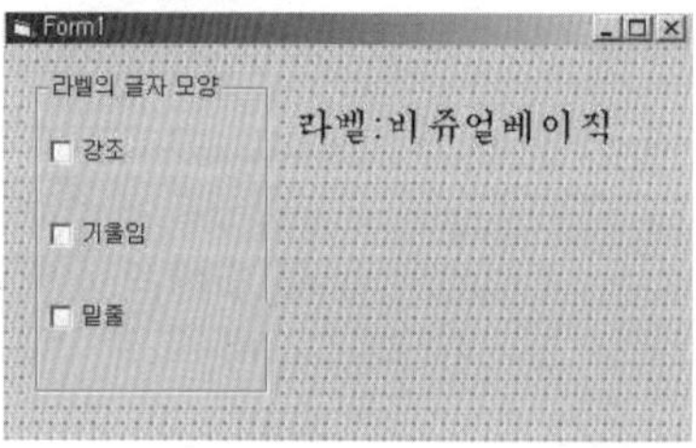

[편집화면]

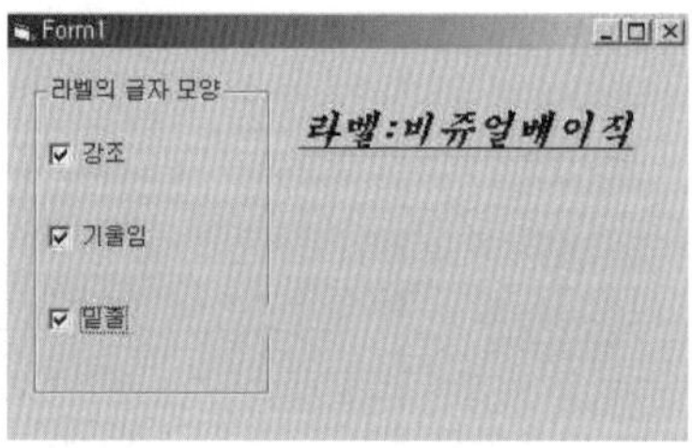

[실행화면]

개 체	속 성	설 정 값
Frame	Caption	라벨의 글자모양
강조 (CheckBox)	Name	Check1
	Caption	강조
	Value	1-확인
기울임	Name	Check2
	Caption	기울림
밑 줄	Name	Check3
	Caption	밑줄
라 벨	Name	Label1
	AutoSize	True
	Caption	라벨 : 비주얼베이직
	Font(크기)	궁서체(16)

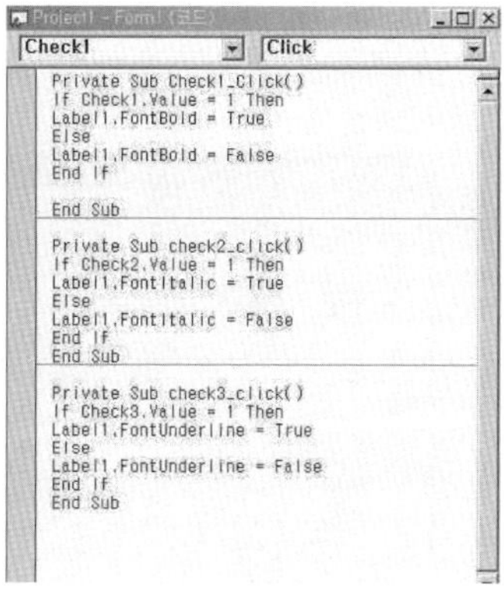

예제 3.3 학과선택의 옵션버튼에서 원하는 학과를 선택하면 선택한 학과이름이 라벨에 출력되는 프로그램입니다.

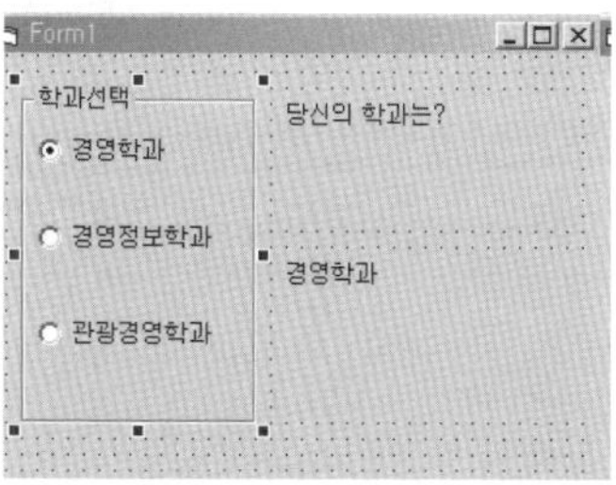

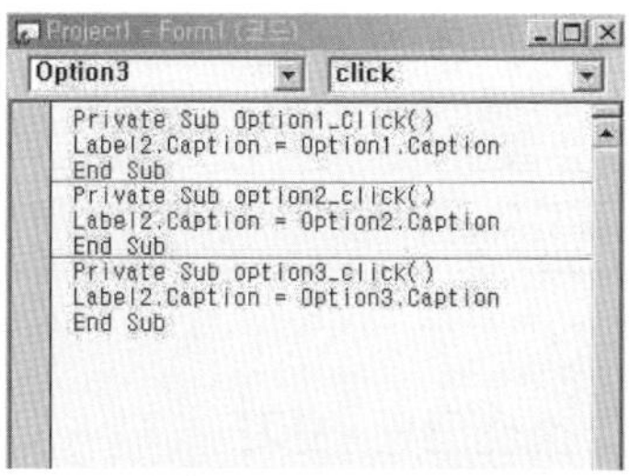

개 체	속 성	설 정 값
라벨1	Caption	당신의 학과는
라벨2	Caption	경영학과
옵션버튼1	Caption	경영학과
	value	True
옵션버튼2	Caption	경영정보학과
옵션버튼3	Caption	관광경영학과
Frame1	Caption	학과선택

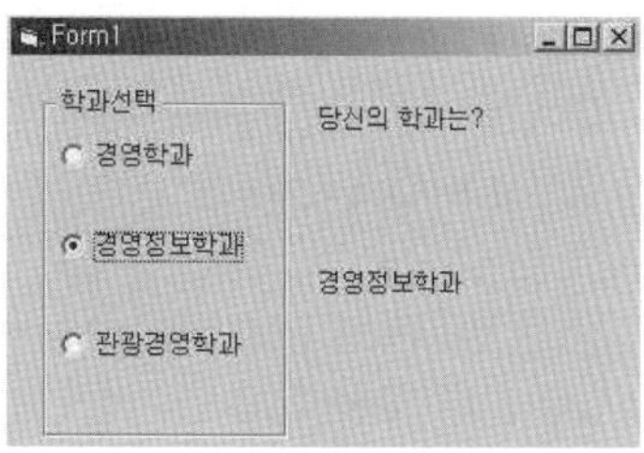

[실행화면]

예제 3.4 본 프로그램은 신장과 몸무게를 입력하고 결과보기를 클릭하면, 신장에 대한 표준체중을 알려주고, 비만정도를 판정해 주는 프로그램입니다.

[편집화면]

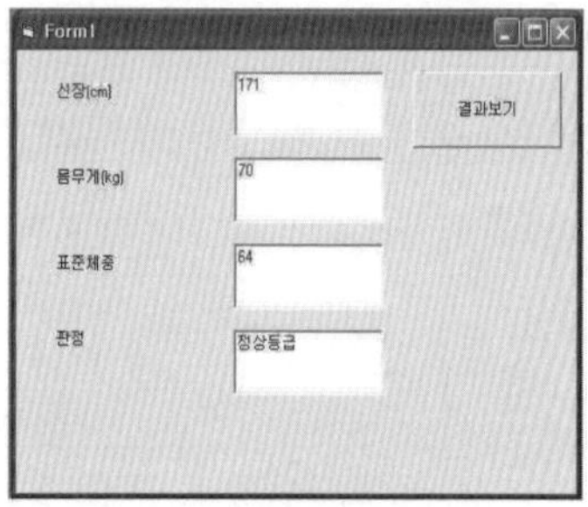

[실행화면]

컨트롤의 종류	컨트롤 이름	속 성	설 정
라벨	Label1	Caption	신장(cm)
	Label2	Caption	몸무게(kg)
	Label3	Caption	표준체중
	Label4	Caption	판정
텍스트 박스	Text1–Text4		
명령버튼	Command1	Caption	결과보기

□ 소스코드 보기

```
Private Sub Command1_Click()
Dim he, we, st, re As Integer
Dim txre As String

he = Val(Text1.Text)
we = Val(Text2.Text)
st = (he - 100) * 0.9   '표준체중=(신장(cm)-100)*0.9
```

```
Text3.Text = st
re = (we / st) * 100  '비만도=현재체중/표준체중*100
                      '90미만: 마른등급 90-110: 정상등급 110초과: 비만등급
If re < 90 Then
 txre = "마른등급"
ElseIf re > 110 Then
 txre = "비만등급"
Else
 txre = "정상등급"
End If
Text4.Text = txre
End Sub
```

예제 3.5 본 프로그램은 패스트푸드점인 KFC에서 주문한 내역과 가격을 알려주는 프로그램입니다. 메뉴에서 버거류, 세트메뉴, 음료 및 디저트에서는 중복으로 선택할 수 있으며 선택메뉴는 한 개만 선택할 수 있으며 계산버튼을 클릭하면 선택한 메뉴와 가격을 알려줍니다.

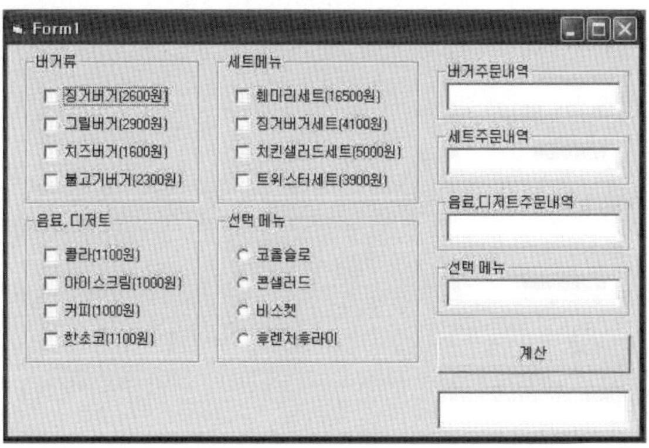

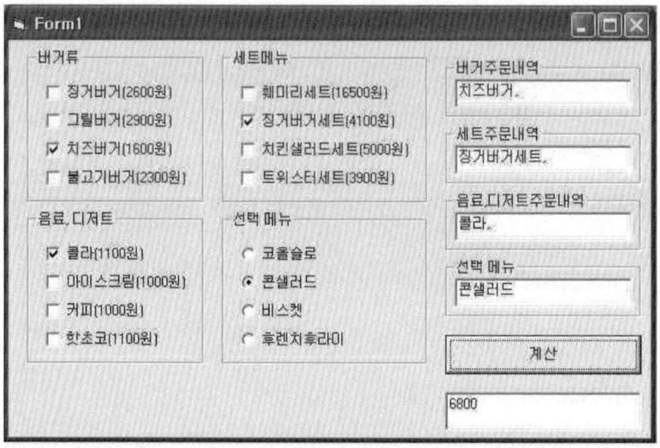

컨트롤 종류	컨트롤 이름	속 성	설 정
체크박스	Check1~Check12	Caption	징거버거, 그릴버거, 치즈버거, 불고기버거, 훼미리세트, 징거버거세트, 치킨샐러드세트, 트위스터세트, 콜라, 아이스크림, 커피, 핫초코
옵션버튼	Option1~Option4	Caption	코올슬로, 콘샐러드, 비스켓, 후렌치후라이
프래임	Frame1~Frame4	Caption	버거류, 세트 메뉴, 음료디저트, 선택메뉴
텍스트박스	Text1~Text5		
명령버튼	Command1	Caption	계산

□ 소스코드

```
Private Sub Command1_Click()
Dim burger, setmenu, choice, drink As String
Dim price As Long

If Check1.Value = 1 Then
burger = burger + "징거버거" & ","    '메뉴에 징거버거메뉴 추가
price = price + 2600                 '메뉴값에 징거버거값 추가
End If
```

```
If Check2.Value = 1 Then
burger = burger + "그릴버거" & ","
price = price + 2900
End If
If Check3.Value = 1 Then
burger = burger + "치즈버거" & ","
price = price + 1600
End If
If Check4.Value = 1 Then
burger = burger + "불고기버거" & ","
price = price + 2300
End If
If Check5.Value = 1 Then
setmenu = setmenu + "훼미리세트" & ","  '세트메뉴에 훼미리세트메뉴 추가
price = price + 16500                   '세트메뉴값에 훼미리세트값 추가
End If
If Check6.Value = 1 Then
setmenu = setmenu + "징거버거세트" & ","
price = price + 4100
End If
If Check7.Value = 1 Then
setmenu = setmenu + "치킨세트" & ","
price = price + 5000
End If
If Check8.Value = 1 Then
setmenu = setmenu + "트위스터세트" & ","
price = price + 3900
End If
If Check9.Value = 1 Then                '음료수에 콜라 추가
drink = drink + "콜라" & ","            '음료수값에 콜라값 추가
price = price + 1100
```

```
End If
If Check10.Value = 1 Then
drink = drink + "아이스크림" & ","
price = price + 1000
End If
If Check11.Value = 1 Then
drink = drink + "커피" & ","
price = price + 1000
End If
If Check12.Value = 1 Then
drink = drink + "핫초코" & ","
price = price + 1100
End If

If Option1.Value = True Then                '선택메뉴중 선택
choice = "코올슬로"
ElseIf Option2.Value = True Then
choice = "콘샐러드"
ElseIf Option3.Value = True Then
choice = "비스켓"
ElseIf Option4.Value = True Then
choice = "후렌치후라이"
End If

Text1.Text = burger                         '선택된 버거 출력
Text2.Text = setmenu                        '선택된 세트메뉴 출력
Text3.Text = drink                          '선택된 음료수 출력
Text4.Text = choice                         '선택메뉴 출력
Text5.Text = price                          '전체금액 출력
End Sub
```

예제 3.6 국어, 영어 및 수학 점수를 입력하고 결과버튼을 클릭하면 합계 및 평균점수를 계산하여 나타내고 각 과목별 점수를 수, 우, 미, 양 및 가로 판정하여 나타내어 주는 프로그램입니다.

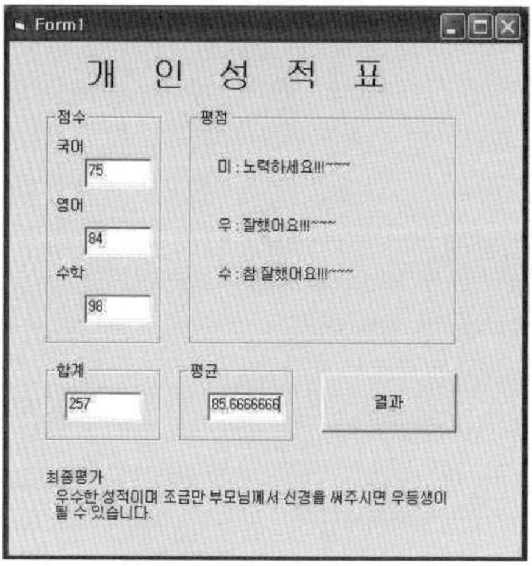

컨트롤 종류	컨트롤 이름	속 성	설정(용도)
레이블	Label1	Caption	개인성적표
	Label2	Caption	국어
	Label3	Caption	영어
	Label4	Caption	수학
	Label5		국어점수판정
	Label6		영어점수판정
	Label7		수학점수판정
프래임	Frame1	Caption	점수
	Frame2	Caption	평점
	Frame3	Caption	합계
	Frame4	Caption	평균
텍스트박스	Text1		국어점수입력
	Text2		영어점수입력
	Text3		수학점수입력
	Text4		합계점수출력
	Text5		평균점수출력
명령버튼	Command1	Caption	결과

□ 소스코드

```
Private Sub Command1_Click()
Dim kor, eng, math, sum As Integer
Dim avg As Double

kor = Val(Text1.Text)       '입력된 국어점수를 계산을 위한 숫자형 변수로 변환
eng = Val(Text2.Text)       '입력된 영어점수를 계산을 위한 숫자형 변수로 변환
math = Val(Text3.Text)      '입력된 수학점수를 계산을 위한 숫자형 변수로 변환

If kor >= 90 Then           '국어점수에 의한 메시지 전달
Label5.Caption = "수: 참 잘했어요"
ElseIf kor >= 80 Then
Label5.Caption = "우: 잘했어요"
ElseIf kor >= 70 Then
Label5.Caption = "미: 노력하세요"
ElseIf kor >= 60 Then
Label5.Caption = "양: 많이 노력하세요"
Else: Label5.Caption = "가: 부모님 모시고 오세요"
End If

If eng >= 90 Then           '영어점수에 의한 메시지 전달
Label6.Caption = "수: 참 잘했어요"
ElseIf eng >= 80 Then
Label6.Caption = "우: 잘했어요"
ElseIf eng >= 70 Then
Label6.Caption = "미: 노력하세요"
ElseIf eng >= 60 Then
Label6.Caption = "양: 많이 노력하세요"
Else: Label6.Caption = "가: 부모님 모시고 오세요"
End If
```

```
If math >= 90 Then          '수학점수에 의한 메시지 전달
Label7.Caption = "수: 참 잘했어요"
ElseIf math >= 80 Then
Label7.Caption = "우: 잘했어요"
ElseIf math >= 70 Then
Label7.Caption = "미: 노력하세요"
ElseIf math >= 60 Then
Label7.Caption = "양: 많이 노력하세요"
Else: Label7.Caption = "가: 부모님 모시고 오세요"
End If
sum = kor + eng + math          '총점계산
Text4.Text = sum                '총점출력
avg = sum / 3                   '평균값 계산
Text5.Text = avg                '평균값 출력
End Sub
```

예제 3.7 본 프로그램은 성명, 국어, 영어 및 수학점수를 입력하고 성별을 선택하고 총점, 평균 및 평점 중에서 평가항목을 선택한 후 결과보기 버튼을 클릭하면 성명, 성별 및 선택한 평가항목을 계산하여 출력하는 프로그램이다.

컨트롤 종류	컨트롤 이름	속 성	설정(용도)
텍스트박스	Text1~Text4		성명, 국어, 영어 및 수학점수 값을 입력
라벨	Label1 Label2 Label3 Label4 Label5 Label6	Caption Caption Caption Caption	성명 국어 영어 수학 입력된 성명 출력 성별 및 평가항목 출력
옵션버튼	Option1 Option2	Caption Caption	남 여
체크박스	Check1 Check2 Check3	Caption Caption Caption	총점 평균 평점
프레임	Frame1 Frame2	Caption Caption	성별 평가
명령버튼	Command1 Command2	Caption Caption	결과보기 끝내기

□ 소스코드

```
Option Explicit
Dim mat, eng, kor, sum As Integer
Dim ave As Double
Dim name01, all, gen, hakjum As String

Private Sub Command1_Click()
name01 = Text1.Text          '이름입력
mat = Val(Text2.Text)        '입력된 수학점수를 계산을 위한 숫자형변수로 변환
eng = Val(Text3.Text)        '입력된 영어점수를 계산을 위한 숫자형변수로 변환
kor = Val(Text4.Text)        '입력된 국어점수를 계산을 위한 숫자형변수로 변환
sum = mat + eng + kor        '총점계산
```

```
ave = Val(Format((sum / 3), "###.##"))    '평균을 소수점 위의 3자리 소수점
                                           아래의 2자리 형태로 평균값을 계산

If Option1.Value = True Then    '성별 자료 입력
gen = "남자"
Else
gen = "여자"
End If

If ave >= 90 Then       '학점별 등급 입력
hakjum = "A"
ElseIf ave >= 80 Then
hakjum = "B"
ElseIf ave >= 70 Then
hakjum = "C"
ElseIf ave >= 60 Then
hakjum = "D"
Else
hakjum = "F"
End If

all = ""
If Check1.Value = 1 Then    '성적총점의 출력유무 확인
all = " " & sum
End If
If Check2.Value = 1 Then    '성적평균의 출력유무 확인
all = all & " " & ave
End If
If Check3.Value = 1 Then    '성적등급의 출력유무 확인
all = all & " " & hakjum
End If
```

```
If all = "" Then                    '평가항목의 체크확인
all = " 평가에 체크해 주세요"
Else
all = gen & " " & all
End If

Label5.Caption = name01      '이름출력
Label6.Caption = all               '체크된 평가항목 출력
End Sub

Private Sub Command2_Click()
End
End Sub
```

예제 3.8 컴퓨터과목을 신청하기 위해 신청인의 이름과 연락처를 입력하고 수강과목을 선택하고 학생과 일반을 구분하여 신청하기 버튼을 클릭하면 수강과목과 수강료를 출력하는 프로그램입니다.

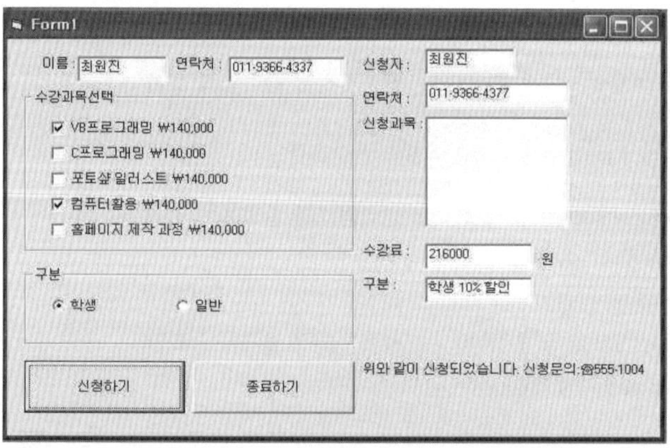

컨트롤 종류	컨트롤 이름	속 성	설정(용도)
레이블	Label1	Caption	이름
	Label2	Caption	연락처
	Label3	Caption	신청자
	Label4	Caption	연락처
	Label5	Caption	신청과목
	Label6	Caption	수강료
	Label7	Caption	원
	Label8	Caption	구분
텍스트박스	Text1		이름입력
	Text2		연락처입력
	Text3		신청자출력
	Text4		연락처출력
	txtsubject	multiline	true, 신청과목출력
	txtcost		수강료출력
	txtct1		구분출력
체크박스	Check1	Caption	VB프로그래밍 140,000
	Check2	Caption	C프로그래밍 140,000
	Check3	Caption	포토샵 일러스트 120,000
	Check4	Caption	컴퓨터활용 100,000
	Check5	Caption	홈페이지 제작과정 120,000
옵션버튼	Option1	Caption	학생
	Option2	Caption	일반
프레임	Frame1	Caption	수강과목선택
	Frame2	Caption	구분
명령버튼	Submit	Caption	신청하기
	Command2	Caption	종료하기

□ 소스코드

```
Option Explicit       '변수형태가 선언되지 않은 변수는 에러발생 요청
Private Sub Command2_Click()
End
End Sub
```

```
Private Sub submit_Click()        '신청하기 버튼 틀릭
Dim name, phone As String
Dim cost As Currency
name = Text1.Text          '이름입력
Text3.Text = name          '이름출력
phone = Text2.Text         '전화번호 입력
Text4.Text = phone         '전화번호 출력

If Check1.Value = 1 Then
cost = cost + 140000        'VB프로그래밍 수강료 합산
txtsubject.Text = txtsubject.Text + Check1.Caption   'VB프로그래밍 표제 입력
End If
If Check2.Value = 1 Then
cost = cost + 140000        'C프로그래밍 수강료 합산
txtsubject.Text = txtsubject.Text + Check2.Caption    'C프로그래밍 표제 입력
End If
If Check3.Value = 1 Then
cost = cost + 120000        '포토샵 일러스트 수강료 합산
txtsubject.Text = txtsubject.Text + Check3.Caption  '포토샵 일러스트 표제 입력
End If
If Check4.Value = 1 Then
cost = cost + 100000       '컴퓨터 활용 수강료 합산
txtsubject.Text = txtsubject.Text + Check4.Caption     '컴퓨터 활용 표제 입력
End If
If Check5.Value = 1 Then
cost = cost + 120000       '홈페이지 제작과정 수강료 합산
txtsubject.Text = txtsubject.Text + Check5.Caption  '홈페이지 제작과정 표제 입력
End If

If Option1.Value = True Then
cost = cost - cost * 0.1    '학생수강료 할인
```

```
End If

txtcost.Text = cost
If Option1.Value = True Then
txtct1.Text = "학생 10%할인"     '학생 수강료 할인 메시지 출력
Else
txtct1.Text = "일반"             '일반메세지 출력
End If

Label8.Caption = "위와 같이 신청되었습니다."
End Sub
```

예제 3.9 본 프로그램은 국어, 영어 및 수학점수를 입력하고 숙제체크 및 출석체크를 선택하고 계산결과를 클릭하면 총점수와 출석체크 보너스가 출력됩니다. 이와 함께 표제 글꼴변경을 선택하면 선택항목에 따라 표제글꼴이 변경됩니다.

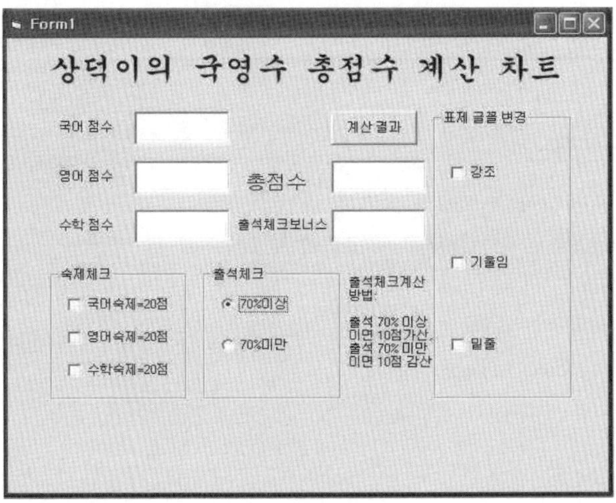

컨트롤 종류	컨트롤 이름	속 성	설 정
레이블	Label1 Label2 Label3 Label4 Label5 Label6 Label7	Caption Caption Caption Caption Caption Caption Caption	국영수총점계산차트 국어점수 영어점수 수학점수 총점수 출석체크보너스 출석체크계산방법
텍스트박스	Text1 Text2 Text3 txtamount txtmethod		국어점수입력 영어점수입력 수학점수입력 총점수출력 출석체크보너스출력
체크박스	Check1 Check2 Check3 Check4 Check5 Check6	Caption Caption Caption Caption Caption Caption	국어숙제=20점 영어숙제=25점 수학숙제=15점 강조 기울임 밑줄
옵션버튼	Option1 Option2	Caption Caption	70%이상 70%미만
명령버튼	Command1	Caption	계산결과

□ 소스코드

```
Private Sub Check4_Click()
If Check4.Value = 1 Then    '강조항목 체크유무 확인
Label1.FontBold = True
Else
Label1.FontBold = False
End If
End Sub
```

```
Private Sub Check5_Click()
If Check5.Value = 1 Then        '기울임항목 체크유무 확인
Label1.FontItalic = True
Else
Label1.FontItalic = False
End If
End Sub

Private Sub Check6_Click()
If Check6.Value = 1 Then        '밑줄항목 체크유무 확인
Label1.FontUnderline = True
Else
Label1.FontUnderline = Falsc
End If
End Sub

Private Sub Command1_Click()    '계산결과 버튼 클릭
Dim kor, eng, mat As Integer
Dim avg As Double
Dim avg_str As String
Dim amount As Currency

kor = Val(Text1.Text)          '국어점수 입력
eng = Val(Text2.Text)          '영어점수 입력
mat = Val(Text3.Text)          '수학점수 입력
avg = (kor + eng + mat) / 3    '평균계산
avg_str = Format(avg, "###.#")   '평균값을 소수위3자리 소수아래1자리로 표시

If Check1.Value = 1 Then       '국어숙제항목 체크확인
amount = amount + 20
End If
```

```
If Check2.Value = 1 Then        '영어숙제항목 체크확인
amount = amount + 25
End If
If Check3.Value = 1 Then        '수학숙제항목 체크확인
amount = amount + 15
End If

If Option1 = True Then          '출석률 70%이상 유무 확인
amount = amount + 10
Else
Option2 = True
amount = amount - 10
End If

txtamount.Text = avg_str + amount
If Option1.Value = True Then        '출석률 70%이상 유무 체크 확인
txtmethod.Text = "70%이상 출석"
Else
txtmethod.Text = "70%미만 출석"
End If
End Sub
```

예제 3.10 아래는 주어진 생일을 TextBox 컨트롤에 입력한 후 오늘이 생일인지 여부를 판단하여 출력하는 프로그램이다.

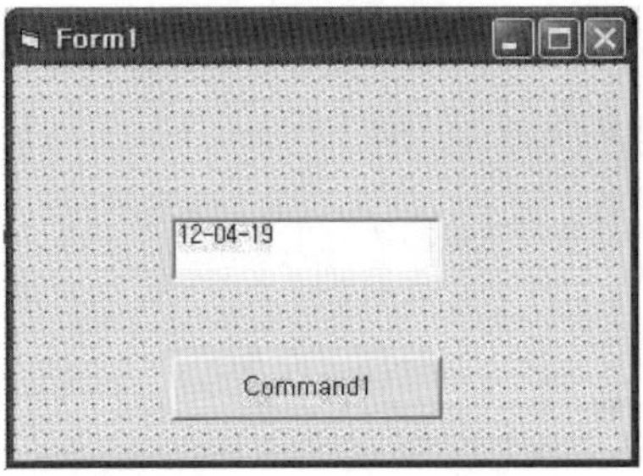

컨트롤 종류	컨트롤명	속 성	설정값
텍스트박스	Text1	caption	""
명령버튼	Command1	caption	command1

□ 소스코드

```
Option Explicit
Private Sub Command1_Click()
 Dim Birth, BirthMonth, BirthDay, Today, TodayMonth, TodayDay
 Print "오늘날짜="; Date
 TodayMonth = Month(Date)
 TodayDay = Day(Date)
 Birth = CDate(Text1.Text)
 BirthMonth = Month(Birth)
 BirthDay = Day(Birth)

 If TodayMonth = BirthMonth And TodayDay = BirthDay Then
   Print "오늘 생일이네요. 축하합니다."
 End If
End Sub
```

예제 3.11

다음은 월드컵 개최예정일과 오늘일자와의 남은 일수를 계산하는 프로그램이다.

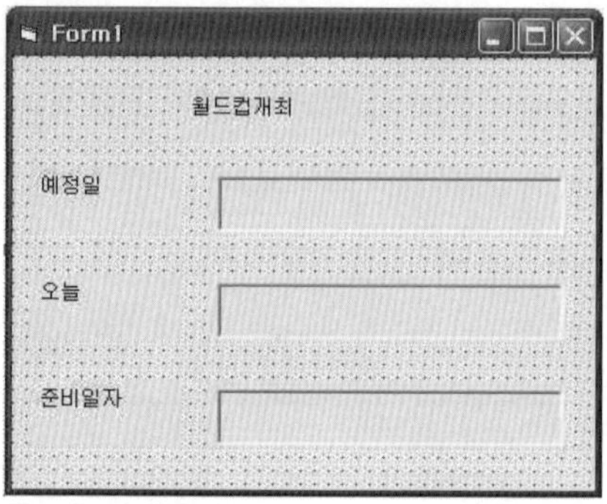

컨트롤 종류	컨트롤명	속 성	설정값
라벨	Label1	caption	월드컵개최
	Label2	borderstyle	단일고정
	Label3	borderstyle	단일고정
	Label4	borderstyle	단일고정
	Label5	caption	예정일
	Label6	caption	오늘
	Label7	caption	준비일자

□ 소스코드

```
Private Sub Form_Load()
Dim iday, world_date As Variant
 Label2.Caption = "2050-07-07"
 Label3.Caption = Date$
 iday = DateSerial(2050, 7, 7) - DateSerial(Year(Date$), Month(Date), Day(Date))
 Label4.Caption = iday
End Sub
```

Chapter 04

배열

배열의 개념

배열(array)은 자료의 형(type)이 같은 많은 데이터를 연속해서 기억시켜야 할 필요가 있을 때, 자료를 하나의 묶음으로 관리하기 위하여 사용하는 것으로, 배열의 일반 형식은 다음과 같다.

```
Dim 배열명(크기) As 데이터형
```

자료를 하나의 묶음으로 관리하기 위해 부여하는 대표적인 기억 장소의 이름을 배열명이라고 하며, 배열명 다음의 소괄호( ) 속에 배열의 범위인 크기를 나타내는 첨자(subscript)를 사용한다. 이때, 첨자를 한 개 사용한 것을 1차원 배열, 두 개 사용한 것을 2차원배열, 세 개 사용한 것을 3차원 배열이라고 한다.

1차원 배열

① 1차원 배열의 선언 : 1차원 배열은 배열을 구성하고 있는 각 요소들을 일직선 상태로 펼친 것으로, 한 개의 첨자를 사용한다.

```
Dim a(9) As integer
또는
Dim a(0 to 9) As Integer
```

위와 같이 배열을 선언하면 기억 장소를 대표하는 배열명은 a이고, 배열을 구성하는 각 요소는 다음과 같이 일직선 상태로 10개가 준비되며, 배열에 기억되는 데이터의 형은 모두 정수형이다.

a(0)	a(1)	a(2)	a(3)	a(4)	a(5)	a(6)	a(7)	a(8)	a(9)

배열의 크기를 a(9)로 선언하면 사용할 수 있는 배열의 원소의 수가 10개이고 실제 사용할수 있는 첨자의 크기는 0부터 9까지 이므로 첨자의 범위를 벗어나지 않도록 유의해야 한다.

예제 4.1 키보드로부터 아래의 5개의 자료를 입력받아 들여 배열에 기억시킨 후 출력하는 프로그램입니다.

입력 자료: 22, 46, 36, 58, 62

Project1 - Form1 (코드)

Form | activate

```
Option Explicit
Private Sub form_activate()
Dim a(5) As Integer '1차원 배열선언
Dim c, d As Integer '정수형 변수선언

For c = 1 To 5
d = InputBox("정수형 데이터를 입력하세요")
a(c) = d '1차원 배열에 기억시킴
Next c

For c = 1 To 5
Form1.Print a(c); " "; '1차원 배열에 기억된 값을 출력함
Next c
End Sub
```

Form1

```
22 46 36 58 62
```

[출력결과]

위 프로그램은 1차원 배열을 선언한 후 첫 번째 For-Next에서 키보드로 5개의 정수형 데이터를 받아들여 1차원 배열에 기억시킨 후, 두 번째 For-Next 문에서 출력시키고 있는 프로그램이다.

배열을 선언한 후 선언된 기억 장소의 첨자의 크기를 살펴보면 0부터 n까지 1씩 증가하면서 규칙성 있게 부여되어 있다. 다라서 앞에서 배운 For-Next문, While-Wend문, Do-Loop문 등과 함께 배열을 사용하면서 프로그램을 효율적으로 작성할 수 있다.

② Option Base문 : Option Base문은 배열의 차수나 크기를 결정하는 첨자의 최소값을 선언하는 명령문으로서, 배열을 Dim 문으로 선언하기 이전에 사용해야 한다.

```
Option Base N
```

n의 값은 0 또는 1로 지정되어야 한다. n의 값이 0으로 지정되면 배열의 첨자는 0부터 시작되고, n의 값이 1이면 배열의 첨자는 1부터 시작한다.

예제 4.2 본 프로그램은 아래의 숫자들을 배열에 기억시킨 후 합계를 출력하는 프로그램입니다.

입력자료 : 33, 67, 23, 87, 95, 47, 75, 84, 59, 77

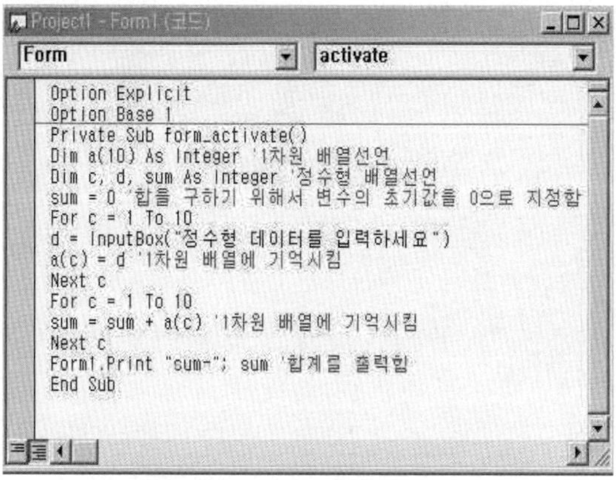

[출력결과]

예제 4.3 본 프로그램은 키보드로부터 5개의 문자열을 받아들여 배열에 기억시킨 후 출력하는 프로그램입니다.

입력문자 : girl, korea, china, boy, usa

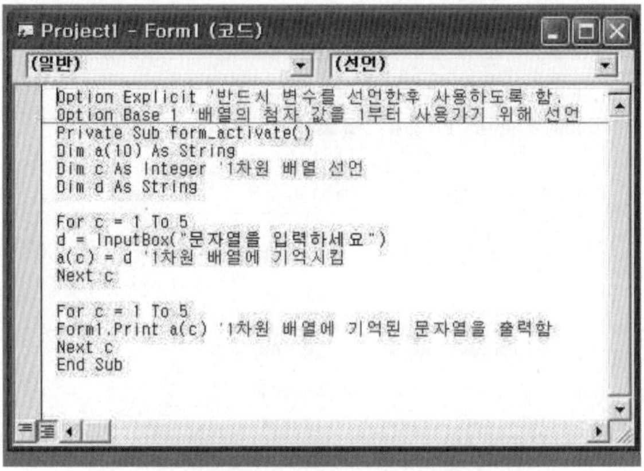

[출력결과]

2차원 배열

① 2차원 배열의 선언 : 2차원 배열은 2개의 첨자를 갖는 배열로 행의 수와 열의 수를 갖는다.

```
Dim a(3, 4) As Integer
    또는
Dim a(0 to 3, 0 to 4) as integer
```

위와 같이 선언하면 다음과 같은 형태로 배열의 기억장소가 확보된다.

0행	a(0, 0)	a(0, 1)	a(0, 2)	a(0, 3)	a(0, 4)
1행	a(1, 0)	a(1, 1)	a(1, 2)	a(1, 3)	a(1, 4)
2행	a(2, 0)	a(2, 1)	a(2, 2)	a(2, 3)	a(2, 4)
3행	a(3, 0)	a(3, 1)	a(3, 2)	a(3, 3)	a(3, 4)
	0열	1열	2열	3열	4열

예제 4.4 키보드로부터 아래와 같은 데이터 5개를 입력받아 2차원 배열에 기억시킨 뒤 합계 및 평균을 계산하여 출력하는 프로그램입니다.

[입력데이터]

110	son	88	86	90
111	kim	90	84	86
112	lee	94	96	90
113	pak	92	88	84
114	jung	82	84	86

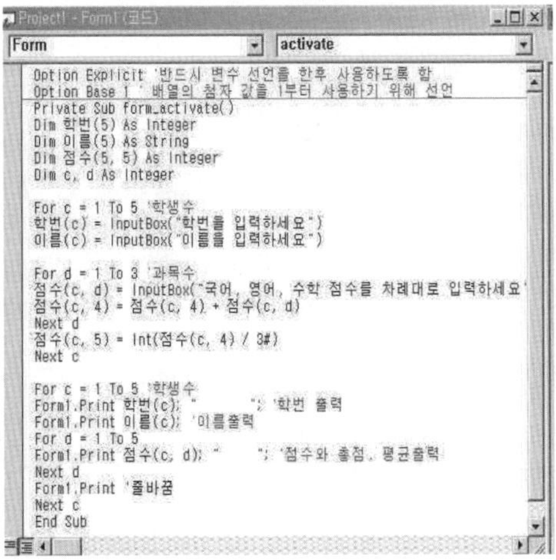

```
Option Explicit '반드시 변수 선언을 한후 사용하도록 함
Option Base 1 ' 배열의 첨자 값을 1부터 사용하기 위해 선언
Private Sub form_activate()
Dim 학번(5) As Integer
Dim 이름(5) As String
Dim 점수(5, 5) As Integer
Dim c, d As Integer

For c = 1 To 5 '학생수
학번(c) = InputBox("학번을 입력하세요")
이름(c) = InputBox("이름을 입력하세요")

For d = 1 To 3 '과목수
점수(c, d) = InputBox("국어, 영어, 수학 점수를 차례대로 입력하세요'
점수(c, 4) = 점수(c, 4) + 점수(c, d)
Next d
점수(c, 5) = Int(점수(c, 4) / 3#)
Next c

For c = 1 To 5 '학생수
Form1.Print 학번(c); "        "; '학번 출력
Form1.Print 이름(c); '이름출력
For d = 1 To 5
Form1.Print 점수(c, d); "      "; '점수와 총점, 평균출력
Next d
Form1.Print '줄바꿈
Next c
End Sub
```

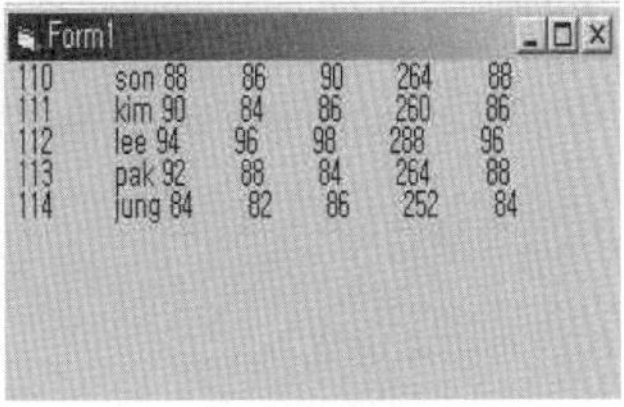

[출력결과]

예제 4.5 프로그램은 아래와 같은 데이터를 2차원 배열에 입력하여 기억시킨 후 출력하는 프로그램입니다.

[입력데이터]

5	7	8	9
3	10	20	15
4	9	26	12

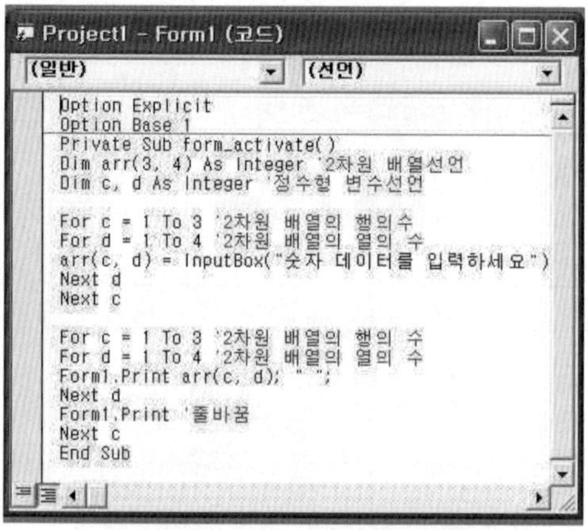


```
Option Explicit
Option Base 1
Private Sub form_activate()
Dim arr(3, 4) As Integer '2차원 배열선언
Dim c, d As Integer '정수형 변수선언

For c = 1 To 3 '2차원 배열의 행의수
For d = 1 To 4 '2차원 배열의 열의 수
arr(c, d) = InputBox("숫자 데이터를 입력하세요")
Next d
Next c

For c = 1 To 3 '2차원 배열의 행의 수
For d = 1 To 4 '2차원 배열의 열의 수
Form1.Print arr(c, d); " ";
Next d
Form1.Print '줄바꿈
Next c
End Sub
```

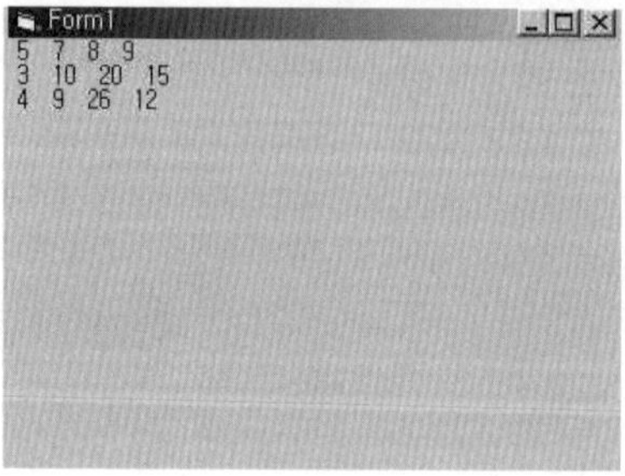

[출력결과]

예제 4.6 다음은 여러 가지 반복 수행문에 대한 예제를 나타내는 프로그램이다.

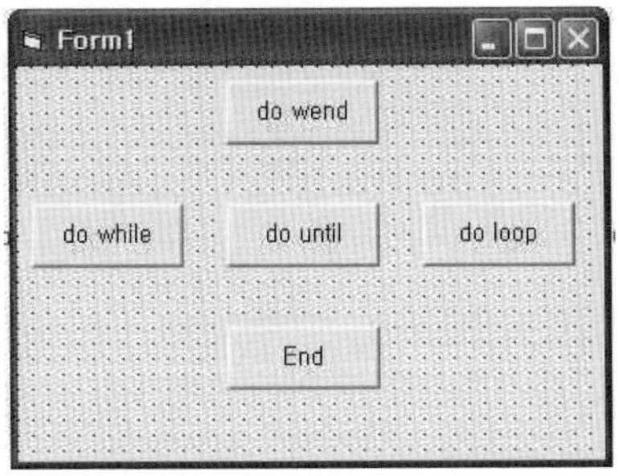

컨트롤 종류	컨트롤명	속 성	설정값
명령버튼	cmdend	caption	End
	cmdloop	caption	do loop
	cmduntil	caption	do until
	cmdwend	caption	do wend
	cmdwhile	caption	do while

□ 소스코드

```
Option Explicit
Dim sum As Integer
Dim num As Integer

Private Sub Cmdend_Click()
End
End Sub

Private Sub Cmdloop_Click()
sum = 0
```

```
num = 11
Do
 sum = sum + num
 num = num + 1
Loop While num <= 20
MsgBox sum
End Sub

Private Sub Cmduntil_Click()
sum = 0
num = 11
Do Until num >= 20
 sum = sum + num
 num = num + 1
Loop
MsgBox sum
End Sub

Private Sub Cmdwend_Click()
sum = 0
num = 11
 While num <= 20
 sum = sum + num
 num = num + 1
Wend
MsgBox sum
End Sub

Private Sub Cmdwhile_Click()
sum = 0
num = 11
```

```
Do While num <= 20
 sum = sum + num
 num = num + 1
Loop
MsgBox sum
End Sub
```

예제 4.7 다음 예제는 3개 숫자를 입력받아서 최대값과 최소값을 출력하는 프로그램이다.

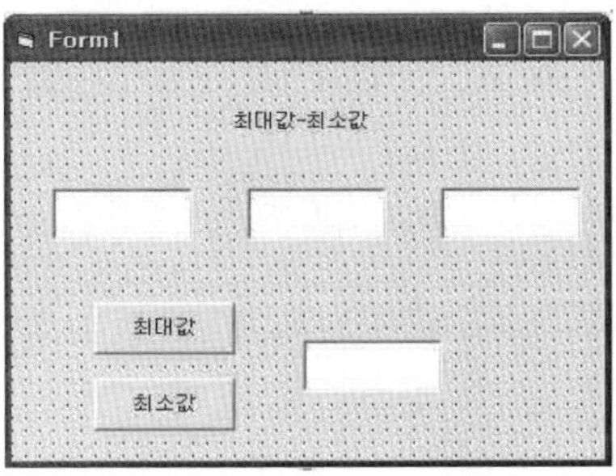

컨트롤 종류	컨트롤명	속 성	설정값
라벨	Label1	caption	최대값-최소값
텍스트박스	Text1	text	""
	Text2	text	""
	Text3	text	""
	Text4	text	""
명령버튼	max	caption	최대값
	min	caption	최소값

□ 소스코드

```
Private Sub max_Click()
 i(0) = CInt(Val(Text1.Text))
 i(1) = CInt(Val(Text2.Text))
 i(2) = CInt(Val(Text3.Text))

 If i(0) >= i(1) Then
   big = i(0)
 Else
   big = i(1)
 End If

 If big <= i(2) Then
    big = i(2)
 End If

 Text4.Text = big

End Sub

Private Sub min_Click()
 i(0) = CInt(Val(Text1.Text))
 i(1) = CInt(Val(Text2.Text))
 i(2) = CInt(Val(Text3.Text))
 Text4.Text = fun_small(i())
End Sub
```

Chapter 05

메뉴편집기

메뉴 구동식 3목게임(Tic-Tac-Toe)

예제 5.1 각 명령 버튼의 캡션(Caption) 속성을 모두 지우고 거기에 모두 TTT(Tic-Tac-Toe)라는 이름(Name)을 부여하자. 비주얼 베이직은 컨트롤 배열을 만들 것인지 질문을 하게 되는데 여기에 Yes라고 대답해야 한다. 왜냐하면 9개의 클릭 프로시저를 일일이 작성하는 것보다 하나를 작성하는 편이 훨씬 쉽기 때문이다.

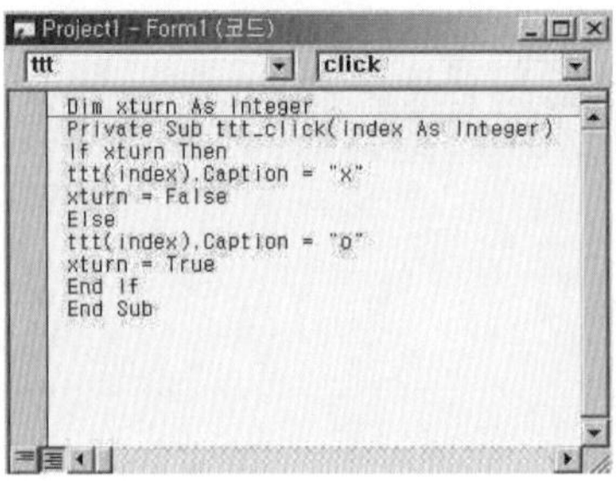

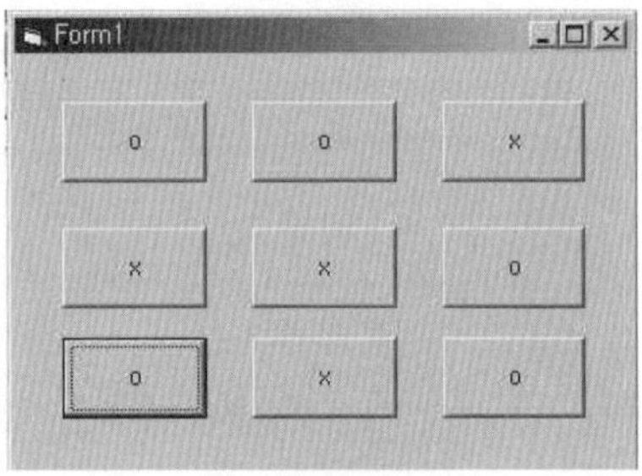

[실행화면]

3목 게임의 메뉴 추가

예제 5.2 메뉴 디자인 윈도우를 화면에 나타내려면 Window 메뉴에서 Menu Design Window아이템을 선택하면 된다.

- 메뉴작성하기(메뉴Name → 메뉴Caption, "…."은 레벨)

filemenu	File
newitem	New Game
exititem	Exit

메뉴 역시 일종의 컨트롤이다. 그래서 메뉴 컨트롤도 지금까지 만들어 넣은 다른 컨트롤과 똑같은 방식으로 다룰 수 있고, 그에 대한 코드

를 작성하는 방법도 같은 방법이다.

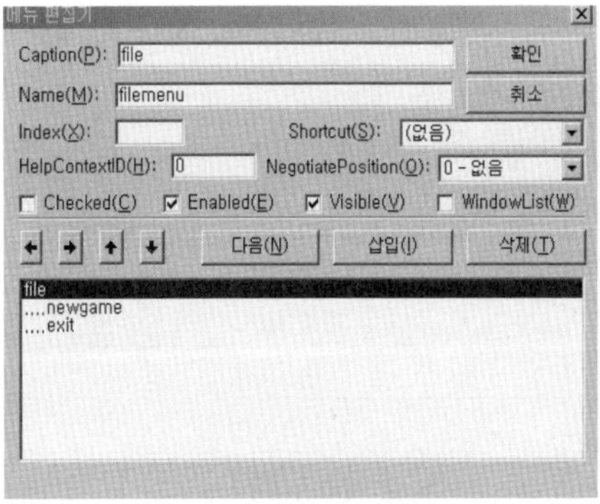

[메뉴디자인 윈도우]

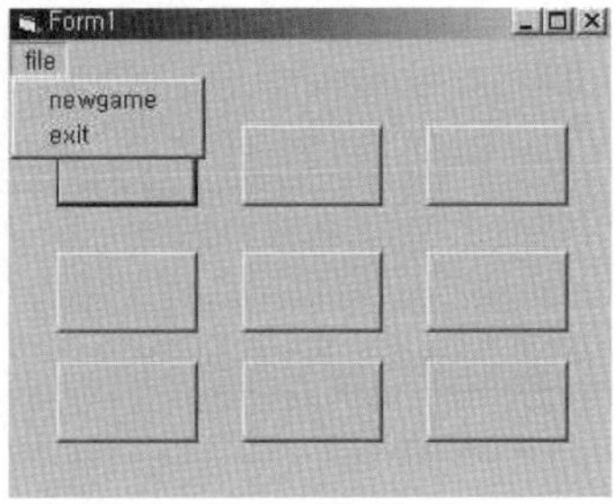

[3목게임 템플릿에서 file메뉴가 열린 모습]

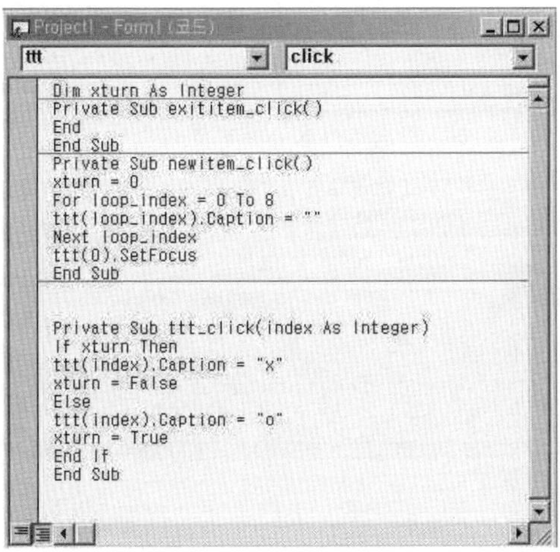


```
Dim xturn As Integer
Private Sub exititem_click()
End
End Sub
Private Sub newitem_click()
xturn = 0
For loop_index = 0 To 8
ttt(loop_index).Caption = ""
Next loop_index
ttt(0).SetFocus
End Sub


Private Sub ttt_click(index As Integer)
If xturn Then
ttt(index).Caption = "x"
xturn = False
Else
ttt(index).Caption = "o"
xturn = True
End If
End Sub
```

에디터(Editor)예제

예제 5.3 본 프로그램은 간단한 에디터로서 짧은 문장을 입력하고 입력된 문장을 오려두기하여 복사할 수 있고 또한 입력된 문장을 지울 수 있는 프로그램입니다.

◆ Menu Design Window

Caption	Name
File	filemenu
Load file	Loaditem
Save file	Saveitem
–	Separator
Exit	Exitmenu
Edit	Editmenu
Cut	Mnucut
Paste	Menupaste
Clear all	Menuclear

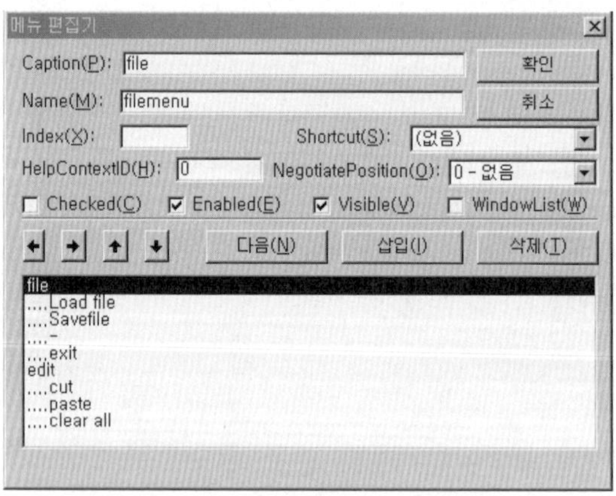

[에디터용 메뉴 디자인 윈도우]

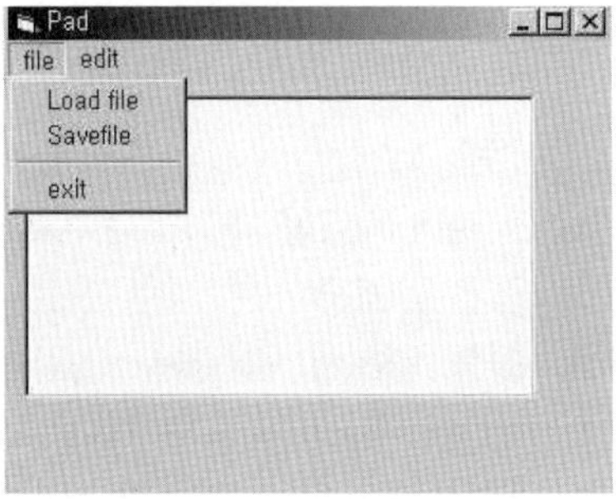

[Edit 메뉴가 나타난 에디터]

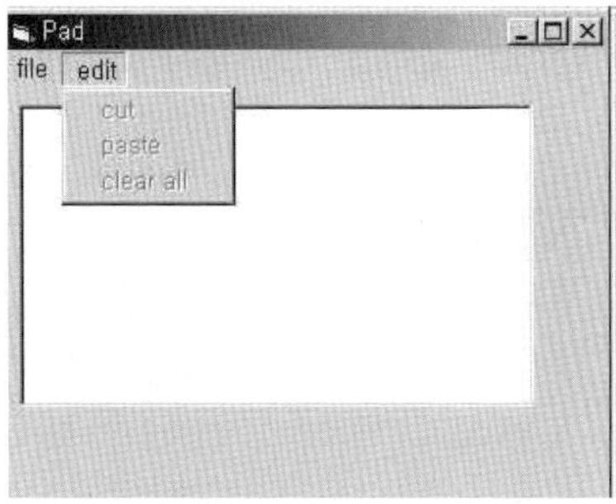

[Edit 메뉴가 회색인 상태의 메모장]

□ 소스코드

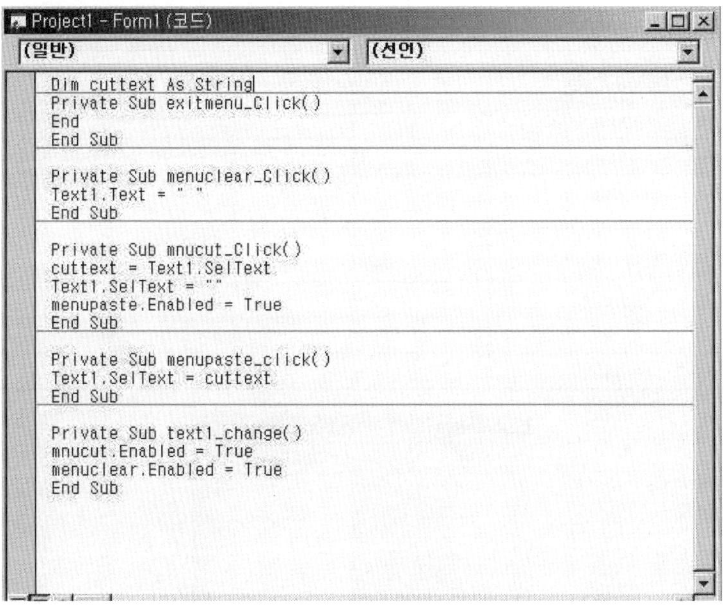


```
Dim cuttext As String
Private Sub exitmenu_Click()
End
End Sub

Private Sub menuclear_Click()
Text1.Text = " "
End Sub

Private Sub mnucut_Click()
cuttext = Text1.SelText
Text1.SelText = ""
menupaste.Enabled = True
End Sub

Private Sub menupaste_click()
Text1.SelText = cuttext
End Sub

Private Sub text1_change()
mnucut.Enabled = True
menuclear.Enabled = True
End Sub
```

메뉴를 통한 폰트의 선택

예제 5.4 Font 메뉴에 8개의 아이템(Courier, Helv, Roman, Modern, Script, System, Terminal)을 추가하자. 메뉴 사건 프로시저에 인덱스를 전달하는 작업은 앞에서 버튼 사건 프로시저에 인덱스를 전달하는 것과 같다. 이를 위해서 각 메뉴 아이템(Courier, Helv, Roman, Modern, Script, System, Terminal)의 Name(Caption 텍스트 박스 아래)에 모두 같은 FFF를 부여하자. 이름이 모두 같은 각 메뉴 아이템을 서로 구별하기 위해서는 인덱스가 필요하다. 각 메뉴 아이템의 인덱스를 지정하기 위해서는 Index 텍스트 박스를 사용하여야 한다.

[폰트메뉴 아이템]

메뉴아이템	Name	Index
Courier	FFF	0
Helv	FFF	1
Roman	FFF	2
Modern	FFF	3
Script	FFF	4
Symbol	FFF	5
System	FFF	6
Terminal	FFF	7

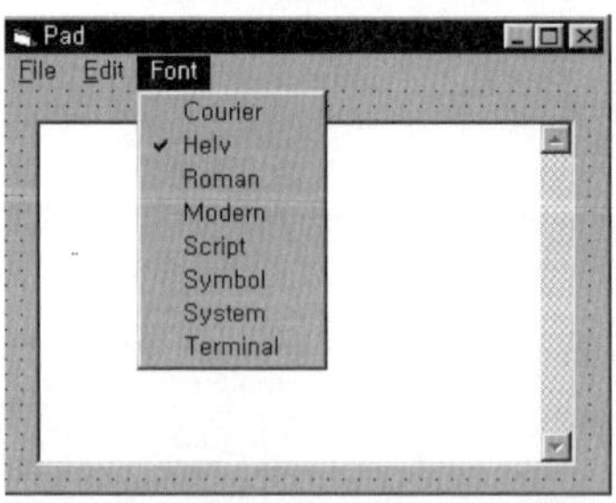

[Font 메뉴가 추가된 에디터 폼]

□ Font메뉴가 추가된 에디터 소스 코드

```
Private Sub fff_click(index As Integer)
Select Case index
Case 0
Text1.FontName = "courier"
Case 1
Text1.FontName = "helv"
Case 2
Text1.FontName = "roman"
Case 3
Text1.FontName = "modern"
Case 4
Text1.FontName = "script"
Case 5
Text1.FontName = "symbol"
Case 6
Text1.FontName = "system"
Case 7
Text1.FontName = "terminal"
End Select
For loop_index = 0 To 7
fff(loop_index).Checked = False
Next loop_index
fff(index).Checked = True
End Sub
```

메뉴 아이템 옆에 체크 기호를 추가해보자. 메뉴 디자인 윈도우에서 Helv옵션의 Checked 박스를 클릭하면 된다. Checked는 메뉴 아이템에 체크 기호를 추가하기 위해 사용할 속성의 이름이다. 이것이 True이면 해당 아이템 옆에 체크 기호가 붙게 되고, False이면 아이템에 체크 기호 없이 나타나게 된다. 메뉴에 액세스 키를 추가하자. 액세스 키로 사용되기 원하는 글자 앞에 앰퍼샌드(&)를 붙이면 된다. 예를 들어, Edit 메뉴의 Cut 아이템의 액세스 키로 C를 지정하고 싶다면 Cut 을 &Cut으로 바꾸면 된다. 어떤 메뉴 내에서는 두 개 이상의 메뉴 아이템이 같은 액세스 키를 가질 수 없다.

메뉴 디자인 윈도우를 다시 열어 오른쪽에 있는 바로 가는 키 박스에서 단축키를 선택한다. 그러면 메인 리스트 박스의 Load File…아이템과 같은 행에 〈Ctrl〉+〈L〉이 나타나게 된다. 그리고 단축키에서는 모든 메뉴를 통틀어서 똑같은 단축키가 있어서는 안된다.

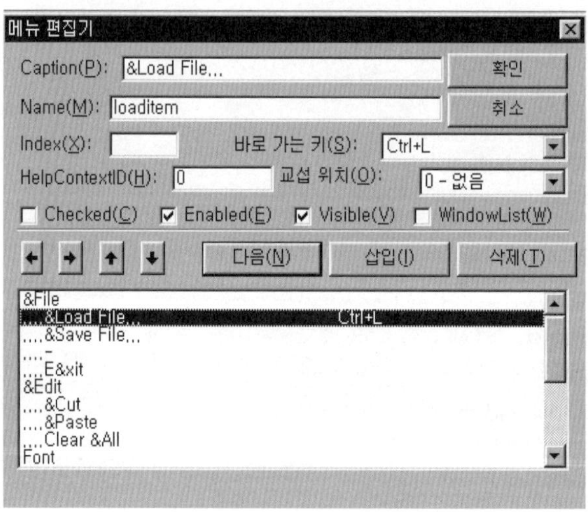

메뉴 아이템의 추가와 삭제

예제 5.5

비주얼 베이직에서는 Load문을 사용해서 메뉴 아이템을 추가할 수 있으며, Unload문을 사용해서 그들을 없앨 수 있다. Phone .frm이라는 이름으로 새로운 프로젝트를 시작시키자. 텍스트 박스와 레이블 두개(Name:과 Number:)를 만들어 넣고 메뉴 디자인 윈도우를 열자. Add Current Name이라는 캡션과 AddNameItem이라는 이름을 부여하자. 다음으로 하이픈(-)을 입력해서 분리 바를 넣고 컨트롤 이름에 Separator를 입력한다. 그 다음에는 아무 캡션으로든 또 하나의 아이템을 추가한다. 이 아이템에 NNN등의 이름을 부여하자.

또한 Index에 0을 부여하고, Visible박스에 "v" 기호가 나타나도록 클릭한다. Exit메뉴를 추가하고 그 이름 박스에는 Exititem을 입력하자. 이 프로그램은 이름 텍스트 박스와 전호번호부 텍스트 박스에 이름과 전화번호를 입력한다. 그리고 Add Current Name메뉴 아이템을 선택하면 그 이름이 메뉴에 추가된다.

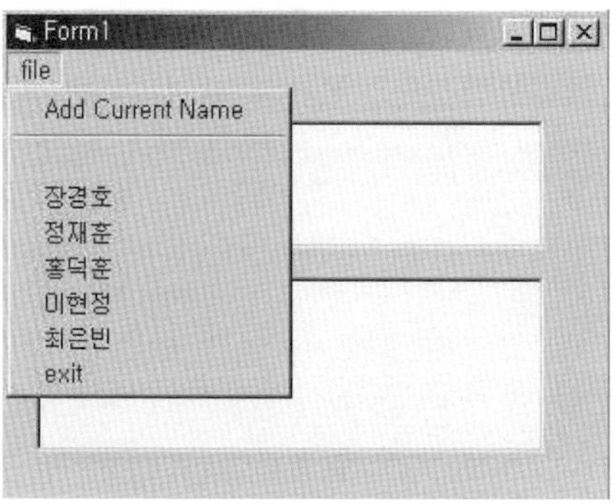

[실행중인 전화번호부 프로그램]

Project1 - Form1 (코드)

(일반) AddNameItem_Click

```
Dim names(0 To 10) As String
Dim numbers(0 To 10) As String
Sub AddNameItem_Click()
Static numbernames
numbernames = numbernames + 1
Load nnn(numbernames)
nnn(numbernames).Caption = Text1.Text
names(numbernames) = Text1.Text
numbers(numbernames) = Text2.Text
End Sub

Sub exititem_Click()
End
End Sub
Sub NNN_Click(Index As Integer)
Text1.Text = names(Index)
Text2.Text = numbers(Index)
End Sub
```

[소스 코드]

Chapter 06

변수선언 및 연산자

변수선언

언어에서 변수는 반드시 숫자만을 나타내지 않고, 문자를 나타내는 경우도 있다. 변수는 저장하는 장소라는 의미가 있고 먼저 변수를 사용하기 해서는 변수를 선언해야만 한다. 변수선언은 일반적으로 DIM 〈변수명〉 AS 〈변수명〉의 형태를 가진다.

예들들면

dim myname as string

라고 변수를 선언했다면 myname이란 변수는 문자형으로 선언한 것이다.

[데이터 형태]

변수형	크기(Byte)	설 명
Boolean	2	논리형으로 True 또는 False 키워드만 사용
Integer	2	부호있는 16bit 크기의 숫자 (-32,768 ~ 32,767)
Long	4	부호있는 36bit 크기의 숫자 (-2,147,486,648 ~ 2,147,486,647)
String	문자열 길이	가변길이 : 약20억자 2의 30승 문자 고정길이 : 약6천 5백만자의 문자 2의 16승 문자

Boolean

Boolean형의 변수에는 True나 False 두가지 값밖에 쓸 수 없기 때문에 체크박스나 옵션버튼 등을 만들었을 경우에 그것이 체크가 되었는지 여부를 저장해두는데 사용하면 편리하게 이용할 수 있다.

Integer

Integer형의 변수는 16bit 크기의 이하의 정수만 저장이 가능하고 소수점 이하의 정수는 저장할 수 없다. 소수점 이하의 정수를 저장하고자 할 때에는 Double형을 사용해야 한다.

Long

Long형의 변수는 32bit로 저장할 수 있다. Integer로 선언하기에 큰 변수를 저장하고자 할 때 사용한다. 그러나 Integer형 변수의 두 배이므로 메모리 용량을 많이 차지한다.

String

String형의 변수는 문자열을 저장할 수 있다.

예제 6.1 본 프로그램은 Interger변수를 이용하여 1부터 10까지의 합계를 계산하는 프로그램입니다. 클릭할 경우 55라는 계산합계가 텍스트 박스에 나타납니다.

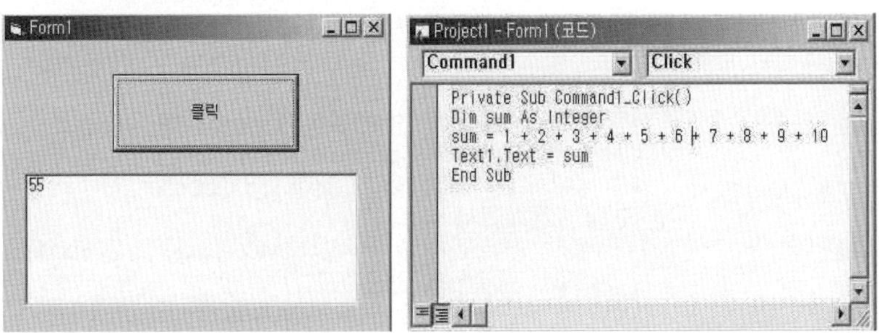

[연산자]

산술연산자		관계연산자		논리연산자	
연산자	의미	연산자	의미	연산자	의미
+, − *, / ＼ mod &, +	덧셈, 뺄셈 곱셈, 나눗셈 정수나눗셈 나머지 연결자	= <> < > <= >=	같다 같지 않다 작다 크다 작거나 같다 크거나 같다	Not And Or	부정 논리곱 논리합

[사용예]

사용식	결 과	사용식	결 과
Print 15+6	21	Print 15=9	False
Print "15"+6	21	Print 15<>9	True
Print "15"+"6"	"156"	Print 15>9	True
Print 15−6	9	Print 15>=9	True
Print 15/6	2.5	Print 15>=15	True
Print 15＼6	2	Print 15<9	False
Print 15*6	90	Print 15<=9	False
Print 15&6	"156"	Print 15<=15	True
Print 15Mod6	3		

[기타함수]

함수종류	설 명	사용 예
Int(인수)	정수형 변환함수, 함수의 인수보다 크지 않은 정수로 변환함.	Int(12.5)→ 12
Round(인수1, 인수2)	인수1의 소수이하 자리수를 인수2로 지정된 만큼 구하고 반올림한다.	Round(15.675,2)→15.68
Left(인수1, 인수2)	인수1에서 인수2로 지정된 개수만큼 왼쪽에서부터 추출	Left("abcdef",3)→"abc"
Right(인수1, 인수2)	인수1에서 인수2로 지정된 개수만큼 오른쪽에서 추출	Right("abcdef",3)→"def"
Mid(인수1, 인수2, 인수3)	인수1에서 인수2로 지정된 위치부터 인수3으로 지정된 개수만큼 추출	Mid("abcdef",2,4)→"bcde"
Ucase(인수)	인수를 대문자로 변환	Ucase("I Love You") → I LOVE YOU
Val(인수)	숫자형태의 숫자를 숫자로 변환	Val("123")→123

[영향범위별 변수형태]

변 수	설 명
Dim	현재 모듈과 프로시저 내에서 사용할수 있는 자동변수이다.
Private	현재 모듈에서만 참조 될 수 있다.
Public	참조 모듈에 제한이 없다.
Static	참조범위는 Dim과 같으나 응용프로그램 종료때까지 메모리에서 지워지지 않는다.

예제 6.2 아래와 같은 경우는 "왼쪽 합계버튼"을 클릭하면 15가 출력되고 "오른쪽 합계버튼"을 클릭하면 40이 출력된다.

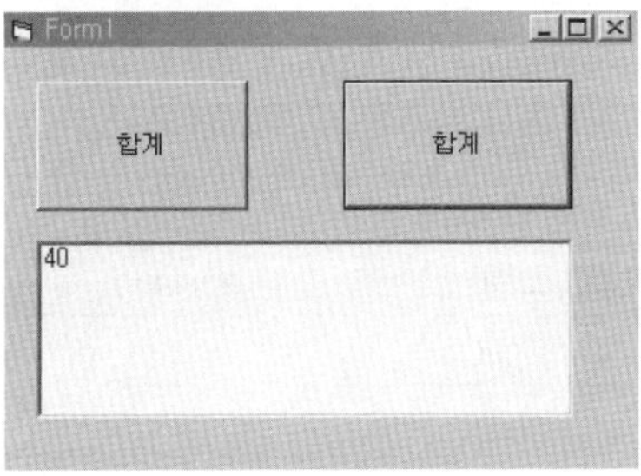

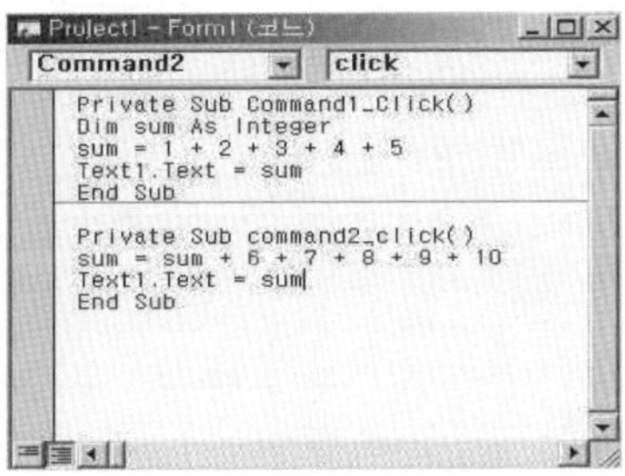

예제 6.3 아래와 같은 경우에는 "오른쪽 합계버튼"을 클릭하면 55가 출력된다.

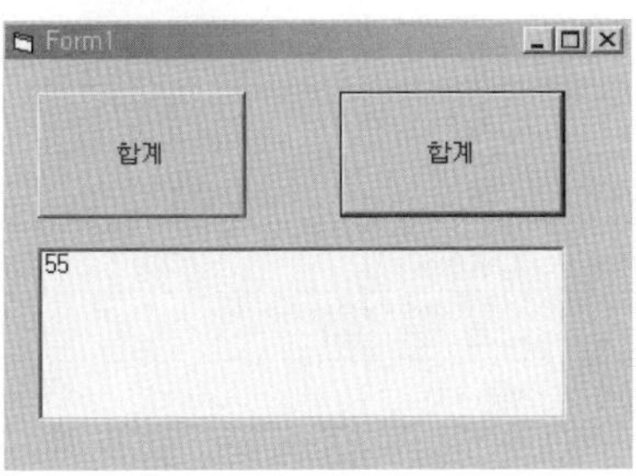

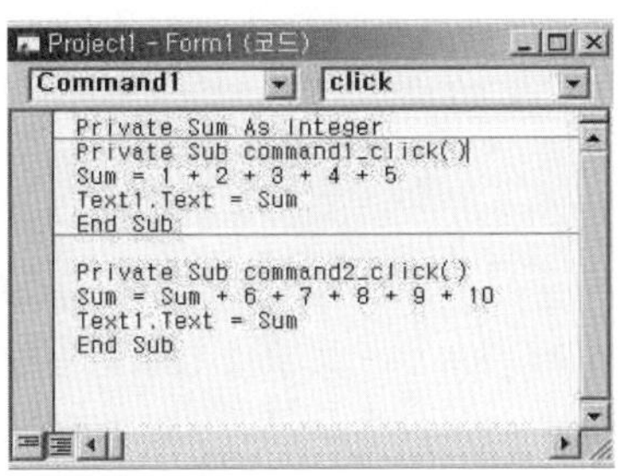

예제 6.4 아래의 프로그램은 2개의 숫자를 입력하고 산술연산자 버튼을 선택하면 선택한 산술연산 결과값이 화면에 출력되는 프로그램입니다.

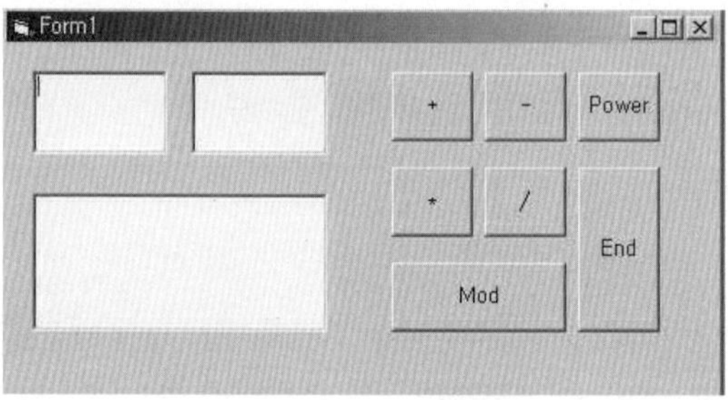

컨트롤 종류	컨트롤명	속 성	설 정
Textbox	Text1	Caption	“ ”
Textbox	Text2	Caption	“ ”
Textbox	Text3	Caption	“ ”
Commandbutton	Command1	이름	cmdadd
		Caption	+
	Command2	이름	cmdsub
		Caption	−
	Command3	이름	cmdpow
		Caption	Power
	Command4	이름	cmdmul
		Caption	*
	Command5	이름	cmddiv
		Caption	/
	Command6	이름	cmdmod
		Caption	Mod
	Command7	이름	cmdend
		Caption	End

□ 소스코드

```
Dim op1 As Integer
Dim op2 As Integer

Private Sub cmdadd_click()          '더하기 계산과정
Text3.Text = Format(Val(Text1.Text) + Val(Text2.Text), "#.###")
Call Text1_Click
End Sub

Private Sub cmdsub_Click()          '빼기 계산과정
Dim op3 As Integer
Call strtoval
If (op1 > op2) Then
op3 = op1 - op2
Else
op3 = op2 - op1
End If
Text3.Text = Format(op3, "#.###")
Call Text1_Click
End Sub

Private Sub cmdmul_Click()          '곱하기 계산과정
Call strtoval
Text3.Text = Format(op1 * op2, "#.###")
Call Text1_Click
End Sub

Private Sub cmddiv_click()          '나누기 계산과정
Call strtoval
Text3.Text = Format(op1 / op2, "##.#")
```

```
Call Text1_Click
End Sub

Private Sub cmdmod_Click()        '나머지 계산과정
Call strtoval
Text3.Text = Format(op1 Mod op2)
Call Text1_Click
End Sub

Private Sub cmdpow_Click()        '승수 계산과정
Text3.Text = Format(Val(Text1.Text) ^ Val(Text2.Text), "#.###")
Call Text1_Click
End Sub

Private Sub cmdend_click()        '종료 버튼
End
End Sub

Private Sub Text1_Click()         '입력된 값의 길이만큼 Highlight
Text1.SetFocus
Text1.SelStart = 0
Text1.SelLength = Len(Text1.Text)
End Sub

Public Function strtoval()        '입력된 값을 숫자형 변수로 변환
op1 = Val(Text1.Text)
op2 = Val(Text2.Text)
End Function
```

Chapter 07

다이얼로그 박스

InputBox

InputBox는 원하는 자료를 형태에 구애받지 않고 입력받는 명령어이며 입력형태는 아래와 같습니다. InputBox는 MsgBox처럼 예, 아니오 등으로 나타낼수 있는 간단한 정보가 아닌, 좀더 구체적인 정보를 사용자로부터 얻어낼 때 사용 됩니다. InputBox를 사용하게 되면 아래와 같이 화면에 InputBox폼이 뜨게 되며, 사용자가 입력한 값은 String으로 처리됩니다.

```
변수 = InputBox("메시지 “[,” 제목 “[,” 내정값 “[,X좌표[,Y좌표]]])
```

예제 7.1 본 프로그램은 Select case와 InputBox를 이용한 성적표 프로그램으로써 InputBox를 이용하여 이름, 국어점수, 영어점수 및 수학점수를 입력받아 종료버튼을 클릭하면 총점, 평균 및 학점이 출력되는 프로그램입니다.

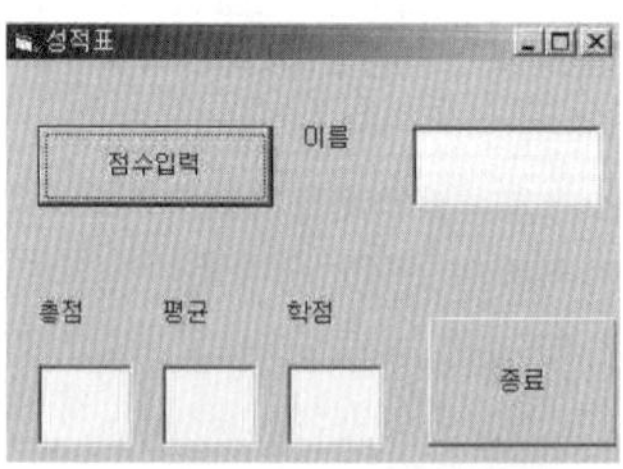

컨트롤 종류	컨트롤명	속 성	설 정
form	form1	Caption	"계산기"
Commandbutton	command1	이름	inputbutton
		Caption	"점수입력"
	command2	이름	endbutton
		Caption	"종료"
Textbox	text1	이름	lbltot
	text2	이름	lblavg
	text3	이름	lblgrade
	text4	이름	lblname
Label	label1	Caption	"이름"
	label2	Caption	"총점"
	label3	Caption	"평균"
	label4	Caption	"학점"

□ 소스코드

```
Private Sub inputbutton_Click()    '점수입력버튼 클릭
Dim kor As Integer
Dim eng As Integer
Dim mat As Integer
Dim tot As Integer
Dim avg As Integer
Dim name As String

name = InputBox("이름을 입력하세요", "이름 입력")
kor = InputBox("점수를 입력하세요", "국어")
eng = InputBox("점수을 입력하세요", "영어")
mat = InputBox("점수을 입력하세요", "수학")
tot = kor + eng + mat    '총점계산
```

```
avg = tot / 3                '평균계산
lblname = name
lbltot = tot
lblavg = avg
Select Case avg
Case Is >= 90
lblgrade = "A"
Case 80 To 89
lblgrade = "B"
Case Is >= 70
lblgrade = "C"
Case Is >= 60
lblgrade = "D"
Case Is < 60
lblgrade = "F"
End Select
End Sub

Private Sub endbutton_Click()
End
End Sub
```

MsgBox문

MsgBox는 지정한 메시지를 출력하는 대화상자 명령어이며 아래와 같은 형태를 가집니다.

MsgBox "메시지", 버튼상수 + 아이콘상수, "제목"

[버튼 상수]

상수명	값	표시버튼
VbOkOnly	0	Ok
VbOkCancel	1	Ok, Cancel
VbAbortRetryIgnore	2	Abort, Retry, Ignore
VbYesNoCancel	3	Yes, No, Cancel
VbYesNo	4	Yes, No
VbRetryCancel	5	Retry, Cancel

[아이콘상수]

상수명	값	표시버튼
Vbcritical	16	위험표시 아이콘
Vbquestion	32	물음표표시 아이콘
Vbexclamation	48	느낌표표시 아이콘
Vbinformation	64	정보표시 아이콘

예제 7.2 본 프로그램은 종료버튼을 클릭하면 MsgBox가 나타나고 Yes, No의 선택에 따라 각각 다른 메시지가 출력되는 프로그램입니다.

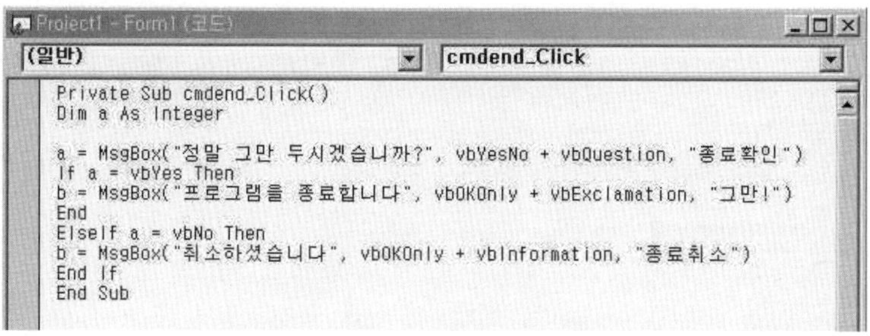

```
Private Sub cmdend_Click()
Dim a As Integer

a = MsgBox("정말 그만 두시겠습니까?", vbYesNo + vbQuestion, "종료확인")
If a = vbYes Then
b = MsgBox("프로그램을 종료합니다", vbOKOnly + vbExclamation, "그만!")
End
ElseIf a = vbNo Then
b = MsgBox("취소하셨습니다", vbOKOnly + vbInformation, "종료취소")
End If
End Sub
```

[MsgBox 실행결과]

예제 7.3 본 프로그램은 Command1버튼을 클릭하면 InputBox를 통하여 숫자를 입력받아 입력받은 숫자에 대한 합계를 출력하며 Command2를 클릭하면 실행을 종료하는 프로그램입니다.

개 체	(Name)	개 체	(Name)
Command1	CmdRun	Command2	CmdEnd
Text1	TxtSum		
Label1	LblLog1	Label2	LblLog2

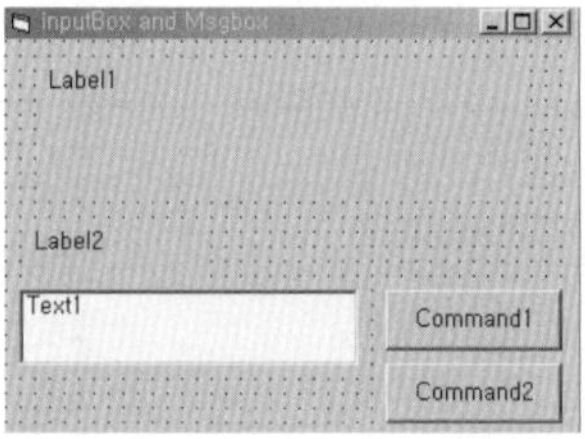


```
Private Sub cmdrun_Click()
Dim counter As Integer
Dim sum
n = InputBox("n번째의 숫자를 입력하시오!", "숫자더하기", "0")
For i = 1 To n Step 1 'i=1부터 n까지 1씩 증가(n은 입력값입니다)
counter = counter + 1
sum = sum + counter
Next i
txtsum.Text = sum 'For~next문에서 계산된 Sum값을 txtsum의 Text속성으로 반환
lbllog2.Caption = "1+2+3+.....+" & n & "="
End Sub

Private Sub cmdend_click()
m = MsgBox("더하기 프로그램을 종료하시겠습니까?", vbYesNo + vbQuestion, "프로그램종료")
If m = vbYes Then
End
Else
Exit Sub
End If
End Sub

Private Sub form_load()
AutoRedraw = True
lbllog1.Caption = "1부터 n번째까지의 합구하기"
lbllog1.FontSize = 13
cmdrun.Caption = "클릭하세요"
lbllog2.Caption = ""
cmdend.Caption = "종료"
txtsum.Text = ""
End Sub
```

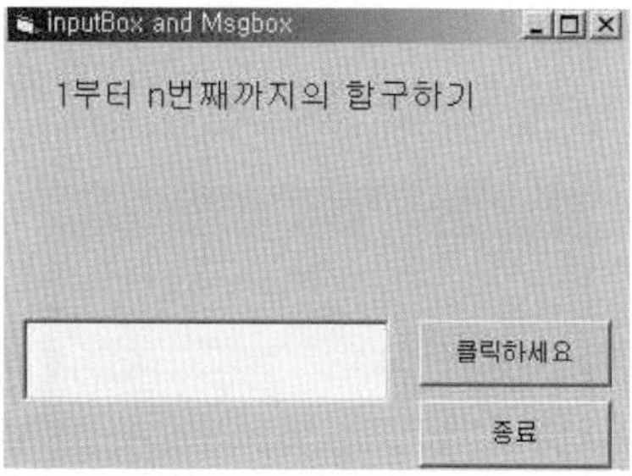

[실행화면]

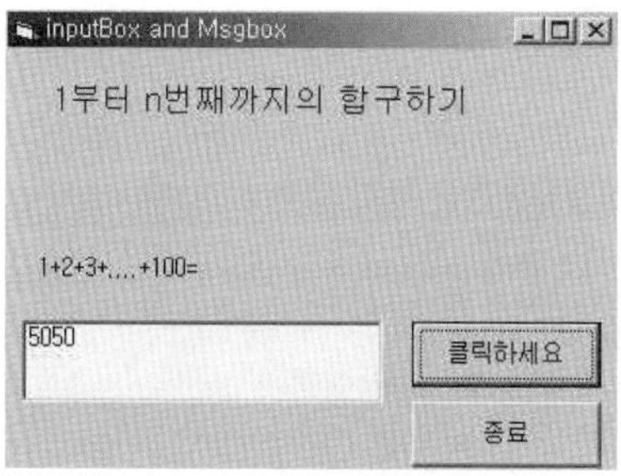

[100을 입력하고 확인 단추를 누른 화면]

[종료버튼을 눌렀을 때]

예제 7.4 본 예제는 2개의 숫자를 입력한 후 입력된 숫자를 확인하고 사칙연산을 계산하는 프로그램입니다.

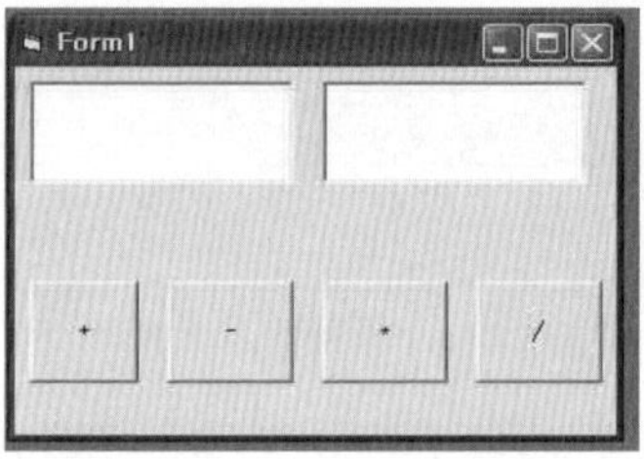

컨트롤 종류	컨트롤 이름	속 성	설정 및 용도
텍스트박스	Text1 Text2		1번째 숫자 입력 2번째 숫자 입력
명령버튼	Command1 Command2 Command3 Command4	Caption Caption Caption Caption	+ – * /

□ 소스코드

```
Dim a, b, c, d As Integer

Private Sub Command1_Click()      '+버튼 클릭
a = Text1.Text          '첫번째 숫자 입력
b = Text2.Text          '두번째 숫자 입력
c = Val(a) + Val(b)   '입력된 숫자를 계산을 위한 숫자형변수로 변환하여 합계를 계산
d = MsgBox(a + "+" + b + "을 선택하셨습니다.", vbYesNo + vbQuestion, "계산")
If d = vbYes Then
d = MsgBox(c, vbInformation, "답입니다.")
ElseIf d = vbNo Then
d = MsgBox("다시 입력해 주세요", vbExclamation, "오류")
End If
End Sub
```

```
Private Sub Command2_Click()      '-버튼 클릭
a = Text1.Text
b = Text2.Text
c = Val(a) - Val(b)
d = MsgBox(a + "-" + b + "을 선택하셨습니다.", vbYesNo + vbQuestion, "계산")
If d = vbYes Then
d = MsgBox(c, vbInformation, "답입니다.")
ElseIf d = vbNo Then
d = MsgBox("다시 입력해 주세요", vbExclamation, "오류")
End If
End Sub

Private Sub Command3_Click()      '*버튼 클릭
a = Text1.Text
b = Text2.Text
c = Val(a) * Val(b)
e = c
d = MsgBox(a + "*" + b + "을 선택하셨습니다.", vbYesNo + vbQuestion, "계산")
If d = vbYes Then
d = MsgBox(c, vbInformation, "답입니다.")
ElseIf d = vbNo Then
d = MsgBox("다시 입력해 주세요", vbExclamation, "오류")
End If
End Sub

Private Sub Command4_Click()      '/버튼 클릭
a = Text1.Text
b = Text2.Text
c = Val(a) / Val(b)
d = MsgBox(a + "/" + b + "을 선택하셨습니다.", vbYesNo + vbQuestion, "계산")
If d = vbYes Then
d = MsgBox(c, vbInformation, "답입니다.")
ElseIf d = vbNo Then
d = MsgBox("다시 입력해 주세요", vbExclamation, "오류")
End If
End Sub
```

예제 7.5 본 프로그램은 한자리 숫자 2개를 숫자1 및 숫자2 메뉴에서 선택하여 사칙연산을 수행하는 계산기입니다. 파일 메뉴에는 작업 종료가 가능하고 선택된 숫자는 텍스트박스에 나타나며 사칙연산과 관련된 버튼을 선택하면 계산결과가 텍스트박스에 나타나며 초기화 버튼을 선택하면 숫자를 다시 입력할 수 있습니다.

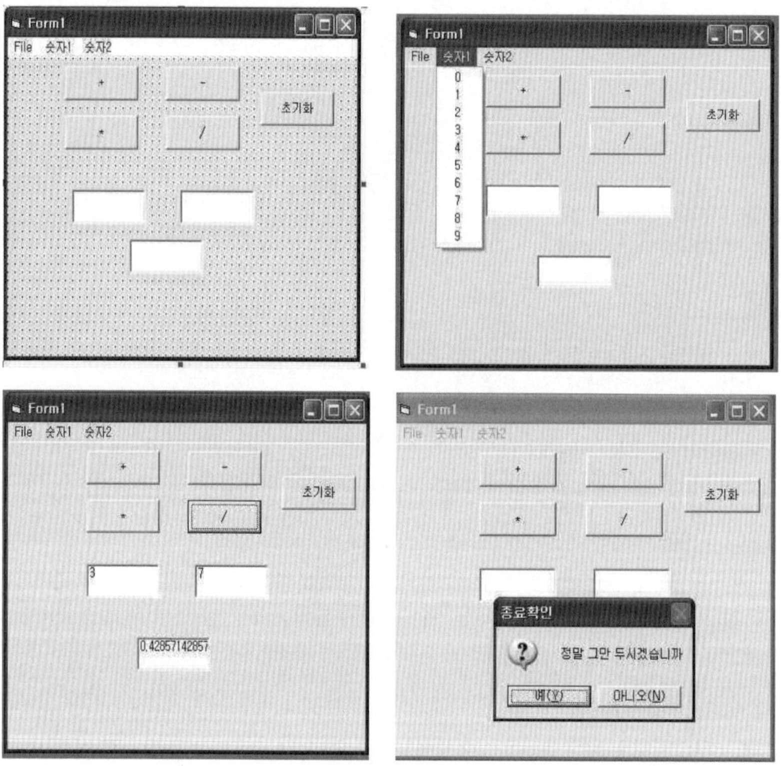

컨트롤 종류	컨트롤 이름	속 성	설 정
텍스트박스	Text1 Text2 Text3		첫번째 선택값 출력 두번째 선택값 출력 계산결과값 출력
명령버튼	plus minus xx nanum re	Caption Caption Caption Caption Caption	+ − * / 초기화
메뉴	menufile	Caption	File
	menuexit	Caption	종료
	num1	Caption	숫자1
	num10	Caption	0
	num11	Caption	1
	num12	Caption	2
	num13	Caption	3
	num14	Caption	4
	num15	Caption	5
	num16	Caption	6
	num17	Caption	7
	num18	Caption	8
	num19	Caption	9
	num2	Caption	숫자2
	num20	Caption	0
	num21	Caption	1
	num22	Caption	2
	num23	Caption	3
	num24	Caption	4
	num25	Caption	5
	num26	Caption	6
	num27	Caption	7
	num28	Caption	8
	num29	Caption	9

□ 소스코드

```
Private Sub menuexit_Click()    '종료버튼 클릭
Dim a As Integer
a = MsgBox("정말 그만 두시겠습니까?", vbYesNo + vbQuestion, "종료확인")
If a = vbYes Then
b = MsgBox("프로그램을 종료합니다.", vbOKOnly + vbQuestion, "종료")
End
ElseIf a = vbNo Then
b = MsgBox("취소하셨습니다", vbOKOnly + vbInformation, "종료취소")
End If
End Sub

Private Sub num10_Click()    '숫자1의 0버튼 선택
Text1.Text = 0
End Sub

Private Sub num11_Click()    '숫자1의 1버튼 선택
Text1.Text = 1
End Sub

Private Sub num12_Click()
Text1.Text = 2
End Sub

Private Sub num13_Click()
Text1.Text = 3
End Sub

Private Sub num14_Click()
Text1.Text = 4
End Sub
```

```
Private Sub num15_Click()
Text1.Text = 5
End Sub

Private Sub num16_Click()
Text1.Text = 6
End Sub

Private Sub num17_Click()
Text1.Text = 7
End Sub

Private Sub num18_Click()
Text1.Text = 8
End Sub

Private Sub num19_Click()
Text1.Text = 9
End Sub

Private Sub num20_Click()        '숫자2의 0버튼 클릭
Text2.Text = 0
End Sub

Private Sub num21_Click()        '숫자2의 1버튼 클릭
Text2.Text = 1
End Sub

Private Sub num22_Click()
Text2.Text = 2
End Sub
```

```
Private Sub num23_Click()
Text2.Text = 3
End Sub

Private Sub num24_Click()
Text2.Text = 4
End Sub

Private Sub num25_Click()
Text2.Text = 5
End Sub

Private Sub num26_Click()
Text2.Text = 6
End Sub

Private Sub num27_Click()
Text2.Text = 7
End Sub

Private Sub num28_Click()
Text2.Text = 8
End Sub

Private Sub num29_Click()
Text2.Text = 9
End Sub

Private Sub minus_Click()      '-버튼 클릭
Text3.Text = Val(Text1.Text) - Val(Text2.Text)
End Sub
```

```
Private Sub nanum_Click()      '/버튼 클릭
Text3.Text = Val(Text1.Text) / Val(Text2.Text)
End Sub

Private Sub plus_Click()       '+버튼 클릭
Text3.Text = Val(Text1.Text) + Val(Text2.Text)
End Sub

Private Sub xx_Click()         '*버튼 클릭
Text3.Text = Val(Text1.Text) * Val(Text2.Text)
End Sub

Private Sub re_Click()         '초기화버튼 클릭
Text1.Text = ""
Text2.Text = ""
Text3.Text = ""
End Sub
```

예제 7.6 본 프로그램은 간단한 신상명세(이름, 전화번호, 나이)를 각각 해당 Textbox에 입력하고, "저장" 버튼을 누르면, 아래쪽 Textbox에 "이름 : 전화번호 : 나이"의 형식으로 입력한 값이 출력되고, 1차원 배열에 저장하게 되며, File메뉴에 "이름" 항목이 나타나 이후 다시 검색할 있다. 그리고, 이후 검색된 data중 아래쪽 Textbox에 출력된 값들은 Font메뉴를 통해 여러 가지 Font Style로 변경할 수 있다.

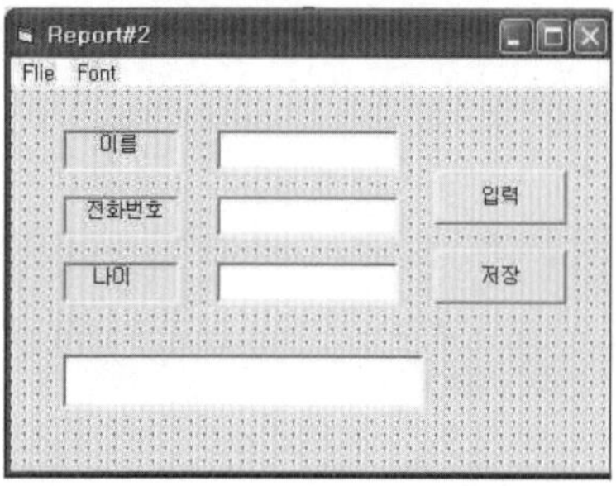

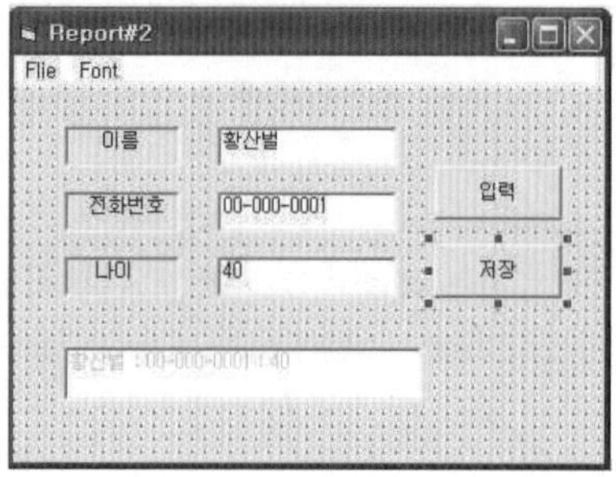

컨트롤 종류	컨트롤 이름	속 성	설 정
텍스트박스	Text1		이름입력
	Text2		전화번호입력
	Text3		나이입력
	Text4		입력된 내용출력
명령버튼	cmdnew	Caption	입력
	cmdsave	Caption	저장
메뉴	filemenu	Caption	File
	NNN	Caption	–
		Index	0
	exititem	Caption	Exit
	fontmenu	Caption	Font
	FFF	Caption	Courier
		Index	0
	FFF	Caption	Helv
		Index	1
	FFF	Caption	Roman
		Index	2
	FFF	Caption	Modern
		Index	3
	FFF	Caption	굴림
		Index	4

□ 소스코드

```
Dim names(0 To 10) As String          '입력된 이름을 저장할 배열을 선언
Dim numbers(0 To 10) As String        '입력된 전화번호를 저장할 배열을 선언
Dim ages(0 To 10) As String           '입력된 나이를 저장할 배열을 선언

Private Sub cmdnew_Click()            '입력버튼 클릭
Text1.Text = ""                       '이름입력 텍스트박스의 초기화
Text2.Text = ""
Text3.Text = ""
Text4.Text = ""
End Sub

Private Sub cmdsave_Click()           '저장버튼 클릭
Static numbernames                    '입력된 자료갯수를 기억할 변수를 선언
numbernames = numbernames + 1         '입력된 자료갯수를 1증가
Load NNN(numbernames)                 '입력된 내용을 저장할 기억장소를 호출
NNN(numbernames).Caption = Text1.Text    '입력된 이름을 창에 나타냄
names(numbernames) = Text1.Text       '입력된 이름을 지정된 배열위치에 기억
numbers(numbernames) = Text2.Text     '입력된 전화번호를 지정된 배열위치에 기억
ages(numbernames) = Text3.Text        '입력된 나이를 지정된 배열위치에 기억
 '입력된 이름, 전화번호, 나이를 출력
Text4.Text = Text1.Text & " : " & Text2.Text & " : " & Text3.Text
Text1.Text = ""
Text2.Text = ""
Text3.Text = ""
End Sub

Private Sub exititem_Click()          'Exit버튼 클릭
Dim a As Integer, b As String
a = MsgBox("정말 그만두시겠습니까?", vbYesNo + vbQuestion, "종료확인")
If a = vbYes Then
b = MsgBox("프로그램을 종료합니다!!", 48, "그만!!")
```

```
End
ElseIf a = vbNo Then
b = MsgBox("취소하셨습니다.", 64, "종료 취소")
End If
End Sub

Private Sub FFF_Click(index As Integer)
Select Case index    '선택된 글자체에 따라 지정된 Case으로 분지
Case 0
Text4.FontName = "courier"
Case 1
Text4.FontName = "helv"
Case 2
Text4.FontName = "roman"
Case 3
Text4.FontName = "modern"
Case 4
Text4.FontName = "굴림"
End Select

For loop_index = 0 To 4              '선택된 체크표시를 지움
FFF(loop_index).Checked = False      '          "
Next loop_index                      '          "
FFF(index).Checked = True            '새롭게 선택한 글자체에 체크표시
End Sub

Private Sub NNN_Click(index As Integer)       '화면창에 나타난 이름중 호출하고
싶은 이름선택
Text1.Text = names(index)                     '선택된 자료의 이름 출력
Text2.Text = numbers(index)                   '선택된 자료의 전화번호 출력
Text3.Text = ages(index)                      '선택된 자료의 나이 출력
 '선택된 자료의 이름, 전화번호, 나이를 동시에 출력
```

```
Text4.Text = Text1.Text & " : " & Text2.Text & " : " & Text3.Text
End Sub
```

예제 7.7 본 프로그램은 일주일의 요일별 스케줄을 저장하고 불러오는 스케줄관리 프로그램입니다.

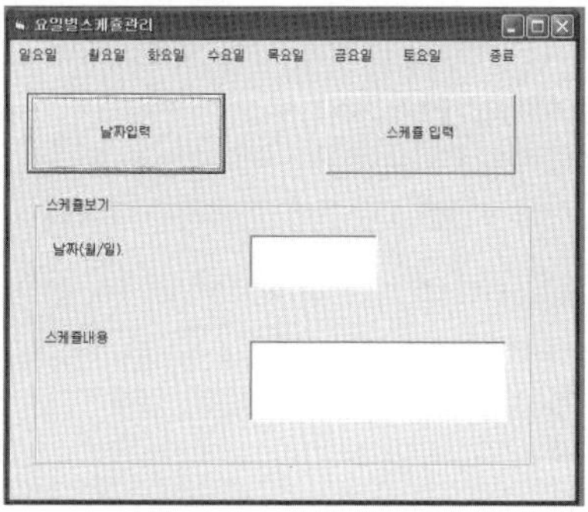

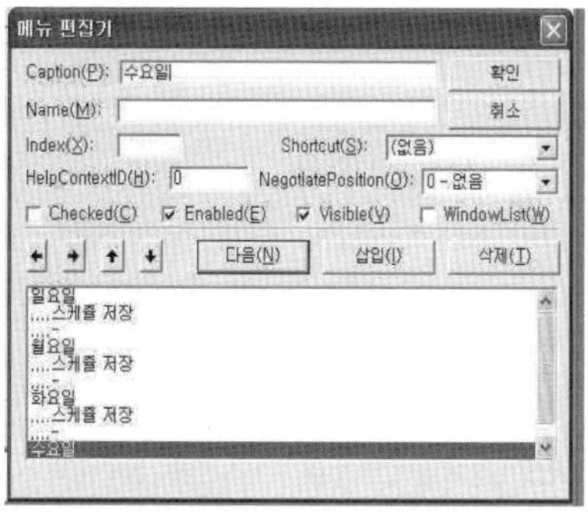

컨트롤 종류	컨트롤 이름	속 성	설 정
명령버튼	cmd1 cmd2	Caption Caption	날짜입력 스케줄입력
레이블	Label1 Label2	Caption Caption	날짜(월/일) 스케줄내용
텍스트박스	Text1 Text2	Enable Enable	False False
프레임	Frame1	Caption	스케줄보기
메뉴	sunmenu saveitem1 sun1 monmenu saveitem2 mon1 tuemenu saveitem3 tue1 —— exit	Caption Caption Caption Caption Caption Caption Caption Caption Caption —— Caption	일요일 스케줄저장 – 월요일 스케줄저장 – 수요일 스케줄저장 – —— 종료

□ 소스코드

```
Dim days1(0 To 5) As String         '입력되는 월요일 날짜의 저장장소를 문자열 배
                                     열로 선언
Dim schedule1(0 To 5) As String     '입력되는 월요일 날짜의 스케줄 저장장소를 문
                                     자열 배열로 선언
Dim days2(0 To 5) As String         '입력되는 화요일 날짜의 저장장소를 문자열 배
                                     열로 선언
Dim schedule2(0 To 5) As String     '입력되는 화요일 날짜의 스케줄 저장장소를 문
                                     자열 배열로 선언
Dim days3(0 To 5) As String
Dim schedule3(0 To 5) As String
Dim days4(0 To 5) As String
Dim schedule4(0 To 5) As String
Dim days5(0 To 5) As String
Dim schedule5(0 To 5) As String
Dim days6(0 To 5) As String
Dim schedule6(0 To 5) As String
Dim days7(0 To 5) As String
Dim schedule7(0 To 5) As String

Private Sub cmd1_Click()      '날짜입력버튼 클릭
Dim day As String
msg = "원하시는 날짜를 입력하세요!"
Title = "날짜 입력"
defval = "월/일"
day = InputBox(msg, Title, defval)
Text1.Text = day              '입력된 날짜를 텍스트박스에 표시
End Sub

Private Sub cmd2_Click()      '스케줄입력버튼 클릭
```

```
Dim schedule As String
msg = "약속, 기념일, 해야할 일 등을 입력하세요!"
Title = "스케줄 입력"
schedule = InputBox(msg, Title, defval)
Text2.Text = schedule          '입력된 스케줄을 텍스트박스에 표시
End Sub

Private Sub exititem_Click()     '종료메뉴 클릭
a = MsgBox("요일별 스케줄관리를 다 하셨습니까?", vbYesNo + vbQuestion, " 스
케줄관리 종료")
If a = vbYes Then
b = MsgBox("스케줄관리를 종료합니다 종료!", vbOKOnly + vbExclamation, "종료!")
End
ElseIf a = vbNo Then
b = MsgBox("스케줄관리로 돌아갑니다", vbOKOnly + vbInformation, "종료취소")
End If
End Sub

Private Sub saveitem1_Click()    '일요일의 스케줄저장 메뉴 클릭
Static numdays
numdays = numdays + 1
Load sun1(numdays)
sun1(numdays).Caption = Text1.Text
days1(numdays) = Text1.Text
schedule1(numdays) = Text2.Text
End Sub

Private Sub saveitem2_Click()     '월요일의 스케줄저장 메뉴 클릭
Static numdays
numdays = numdays + 1
Load mon1(numdays)
```

```
mon1(numdays).Caption = Text1.Text
days2(numdays) = Text1.Text
schedule2(numdays) = Text2.Text
End Sub

Private Sub saveitem3_Click()      '화요일의 스케줄저장 메뉴 클릭
Static numdays
numdays = numdays + 1
Load tue1(numdays)
tue1(numdays).Caption = Text1.Text
days3(numdays) = Text1.Text
schedule3(numdays) = Text2.Text
End Sub

Private Sub saveitem4_Click()
Static numdays
numdays = numdays + 1
Load wed1(numdays)
wed1(numdays).Caption = Text1.Text
days4(numdays) = Text1.Text
schedule4(numdays) = Text2.Text
End Sub

Private Sub saveitem5_Click()
Static numdays
numdays = numdays + 1
Load thu1(numdays)
thu1(numdays).Caption = Text1.Text
days5(numdays) = Text1.Text
schedule5(numdays) = Text2.Text
End Sub
```

```
Private Sub saveitem6_Click()
Static numdays
numdays = numdays + 1
Load fri1(numdays)
fri1(numdays).Caption = Text1.Text
days6(numdays) = Text1.Text
schedule6(numdays) = Text2.Text
End Sub

Private Sub saveitem7_Click()
Static numdays
numdays = numdays + 1
Load sat1(numdays)
sat1(numdays).Caption = Text1.Text
days7(numdays) = Text1.Text
schedule7(numdays) = Text2.Text
End Sub

Private Sub sun1_Click(Index As Integer)     '일요일에 입력된 스케줄 날짜를 클릭
Text1.Text = days1(Index)
Text2.Text = schedule1(Index)
End Sub

Private Sub mon1_Click(Index As Integer)     '월요일에 입력된 스케줄 날짜를 클릭
Text1.Text = days2(Index)
Text2.Text = schedule2(Index)
End Sub

Private Sub tue1_Click(Index As Integer)     '화요일에 입력된 스케줄 날짜를 클릭
Text1.Text = days3(Index)
Text2.Text = schedule3(Index)
```

```
End Sub

Private Sub wed1_Click(Index As Integer)
Text1.Text = days4(Index)
Text2.Text = schedule4(Index)
End Sub

Private Sub thu1_Click(Index As Integer)
Text1.Text = days5(Index)
Text2.Text = schedule5(Index)
End Sub

Private Sub fri1_Click(Index As Integer)
Text1.Text = days6(Index)
Text2.Text = schedule6(Index)
End Sub

Private Sub sat1_Click(Index As Integer)
Text1.Text = days7(Index)
Text2.Text = schedule7(Index)
End Sub
```

Chapter 08

스크롤바, 다중폼

예제 8.1 컨트롤 패널은 애플리케이션의 외형을 조정하는데 사용된다. 메인 윈도우의 몇 가지 속성, 즉 배경색, 윈도우의 가로와 세로 길이, 그리고 윈도우의 캡션을 조정하는데 사용하려 한다. 메인 윈도우의 이름을 Form1으로 두자. 이 프로젝트에 새로운 폼을 추가한 후 그 이름에 ControlPanel, 그 캡션에 Control Panel을 부여하자.

컨트롤 패널에 텍스트 박스를 위치시키고 그 이름은 NewCaption을 부여한다. 텍스트 박스 옆에는 Application Caption이라는 레이블을 붙이자. 컨트롤 패널의 아래 부분에 OK버튼과 Cancel버튼을 위치시키자. 각 버튼의 이름에는 OKButton과 CancelButton을 부여한다. 또한 속성 윈도우에서 OK버튼의 Default속성을 True로 설정해서 OK버튼이 초점을 갖도록 한다.

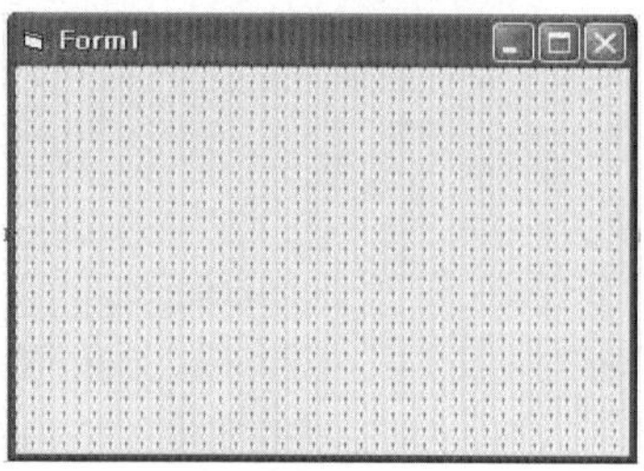

[메인화면]

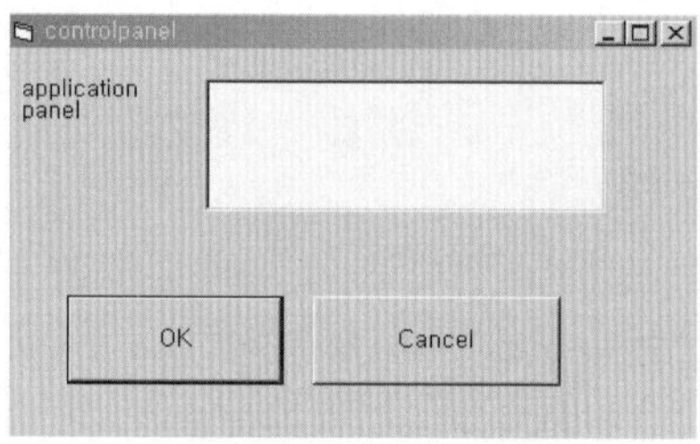

[컨트롤 패널 애플리케이션]

□ 컨트롤 패널 소스코드

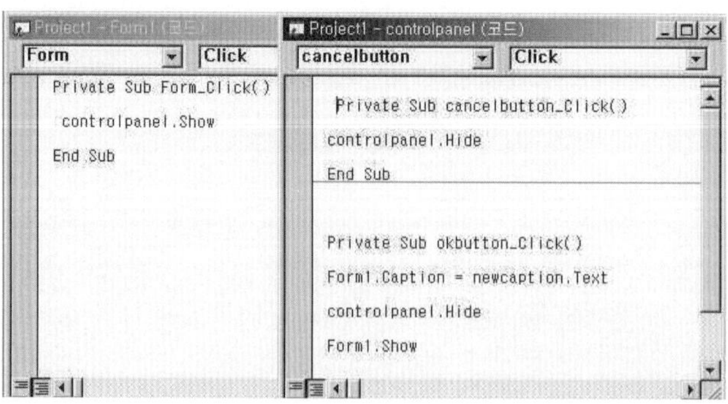

스크롤바의 사용

예제 8.2 앞 부분의 컨트롤 패널 프로그램에 모두 5개의 스크롤 바를 추가해서 사용해 보자. 스크롤 바의 중요한 5가지 속성인 Min, Max, Value, LargeChange, SmallChange등을 이용해서 처리하며 스크롤 바에서의 주된 사건은 Change 사건으로서, 이 사건은 스크롤바가 이동할 때마다 발생한다.

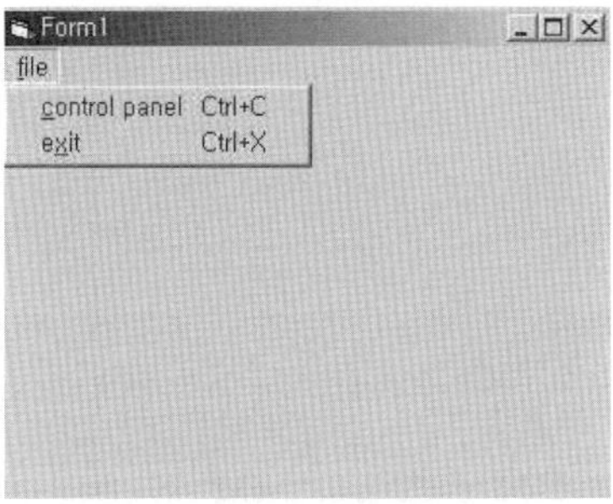

[메인 윈도우(Form) 어플리케이션]

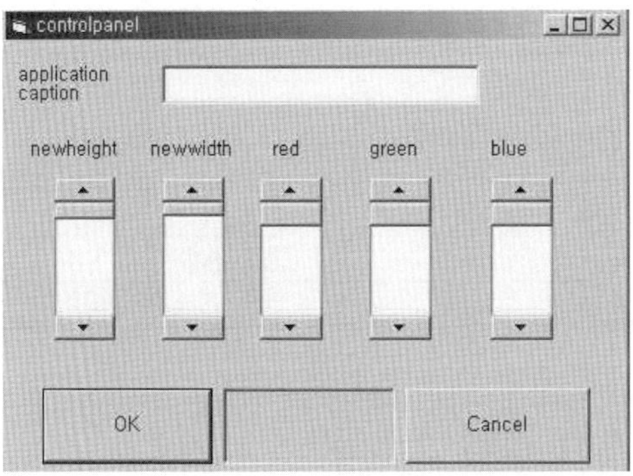

[추가된 컨트롤패널(ContorlPanel) 어플리케이션]

컨트롤 종류	컨트롤명	속 성	설 정
form	Controlpanel	Caption	"control panel"
Scrollbar	Scrollbar1	이름	"newheight"
		LargeChange	1000
		Max	7200
		Min	1440
		SmallChange	500
		Value	1440
	Scrollbar2	이름	"newwidth"
		LargeChange	1000
		Max	10080
		Min	2880
		SmallChange	500
		Value	2880
	Scrollbar3	Caption	"newred"
	Scrollbar4	Caption	"newgreen"
	Scrollbar5	Caption	"newblue"
CommandButton1	Cancelbutton	Caption	"Cancel"
CommandButton2	okbutton	Caption	"OK"
		Default	true
Textbox	newcaption		
Label	newcolor	BorderStyle	단일고정
	Label1	Caption	"Application Caption"
	Label2	Caption	"new height"
	Label3	Caption	"new width"
	Label4	Caption	"red"
	Label5	Caption	"green"
	Label6	Caption	"blue"

□ Controlpanel의 소스코드

```
Private Sub cancelbutton_Click()
controlpanel.Hide
End Sub
```

```
Private Sub newblue_Change()  '미리보기 라벨에 푸른색혼합
newcolor.BackColor = RGB(newred.Value, newgreen.Value, newblue.Value)
End Sub

Private Sub newgreen_Change()  '미리보기 라벨에 초록색혼합
newcolor.BackColor = RGB(newred.Value, newgreen.Value, newblue.Value)
End Sub

Private Sub newred_Change()  '미리보기 라벨에 빨간색혼합
newcolor.BackColor = RGB(newred.Value, newgreen.Value, newblue.Value)
End Sub

Private Sub okbutton_Click()  '컨트롤 폼에 설정된 값들을 적용
Form1.Caption = newcaption.Text
Form1.Height = newheight.Value
Form1.Width = newwidth.Value
Form1.BackColor = RGB(newred.Value, newgreen.Value, newblue.Value)
controlpanel.Hide
Form1.Show
End Sub
```

□ Form1의 소스코드

```
Private Sub controlpanelitem_Click()  '메뉴의 컨트롤판넬 클릭
controlpanel.newcaption.Text = Form1.Caption  '현재의 설정된 표제를 보여줌
controlpanel.newheight.Value = Form1.Height  '현재의 높이값을 보여줌
controlpanel.newwidth.Value = Form1.Width  '현재의 폭을 보여줌
controlpanel.newcolor.BackColor = Form1.BackColor  '현재의 배경색을 보여줌
controlpanel.Show
End Sub

Private Sub exititem_Click()
End
End Sub
```

예제 8.3 본 프로그램은 이름, 과목점수, 성별 및 학년을 입력하여 배열에 저장한 후 불러올 수 있다. 이와 함께 메모내용을 입력하여 출력할 수 있으며 아울러 출력시 배경색을 조절할 수 있다.

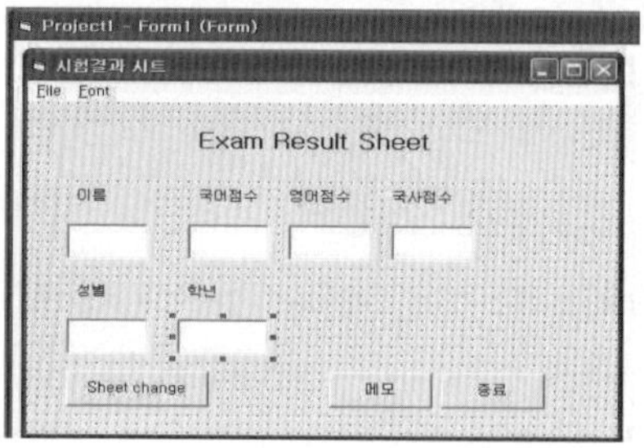

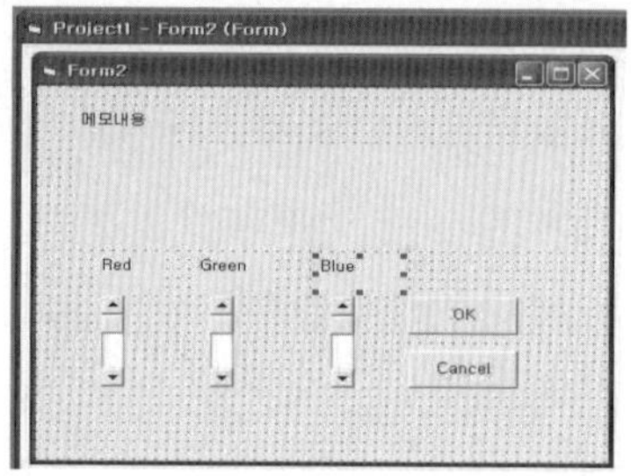

□ Form1

컨트롤 종류	컨트롤 이름	속 성	설 정
레이블	Label1,2 Label3,4,5 Label6,7	Caption Caption Caption	Exam Result Sheet, 이름 국어, 영어, 국사점수 성별, 학년
텍스트박스	Text1–Text5		이름, 국어, 영어, 국사점수, 성별, 학년값 입력
명령버튼	Sheetchangebutton Memobutton Exitbutton	Caption Caption Caption	Sheet Change 메모 종료
메뉴	filemenu inputresult separator NNN separator2 exitmenu fontmenu FFF FFF FFF FFF	Caption Caption Caption Caption Caption Caption Caption Caption Index Caption Index Caption Index Caption Index	File Data Save – 결과보기 – Exit Font Courier 0 Modern 1 Symbol 2 Terminal 3

□ 소스코드

```
Dim names(10) As String
Dim kor(10) As Integer
Dim eng(10) As Integer
Dim history(10) As Integer
Dim sex(10) As String
Dim grade(10) As String

Private Sub inputresult_Click()        'File메뉴의 Data Save부메뉴 클릭
Static namecounter                      '입력된 자료수를 기억하는 변수를 Static으로 선언
namecounter = namecounter + 1           '입력된 자료수를 1증가시킴
Load NNN(namecounter)                   '입력되는 정보를 기억할 기억장소를 호출
NNN(namecounter).Caption = Text1.Text   '학생이름을 File메뉴의 결과보기 부
                                        메뉴 아래에 표시
names(namecounter) = Text1.Text         '입력되는 학생이름을 배열장소에 기억
kor(namecounter) = Text2.Text           '입력되는 국어점수를 배열장소에 기억
eng(namecounter) = Text3.Text
history(namecounter) = Text4.Text
sex(namecounter) = Text5.Text
grade(namecounter) = Text6.Text
End Sub

Private Sub NNN_Click(Index As Integer)  'File메뉴의 결과보기 부메뉴 아래에
                                         나타난 이름을 클릭
Text1.Text = names(Index)    '선택된 학생의 이름을 텍스트박스에 표시
Text2.Text = kor(Index)      '선택된 학생의 국어점수를 텍스트박스에 표시
Text3.Text = eng(Index)
Text4.Text = history(Index)
Text5.Text = sex(Index)
Text6.Text = grade(Index)
End Sub
```

```
Private Sub exitmenu_Click()        'Exit메뉴 클릭
Dim msg As String
MsgBox "종료합니다", vbOKOnly + vbInformation, "그만"
End
End Sub
Private Sub FFF_Click(Index As Integer)    'Font메뉴중 하나를 선택
Select Case Index                          '선택된 font에 따라 분지
Case 0
Label1.FontName = "courier"
Case 1
Label1.FontName = "modern"
Case 2
Label1.FontName = "symbol"
Case 3
Label1.FontName = "terminal"
End Select

For loop_index = 0 To 3              '선택된 font옆의 체크표시 지움
FFF(loop_index).Checked = False      '         "
Next loop_index                      '         "
FFF(Index).Checked = True            '새롭게 선택한 font옆에 체크표시
End Sub

Private Sub Sheetchangebutton_Click()
 '첫번째 폼의 배경색을 두번째 폼의 samplecolor 레이블에 표시
Memocontrolpanel.samplecolor.BackColor = Form1.BackColor
 '두번째 폼을 나타냄
Memocontrolpanel.Show
End Sub

Private Sub Memobutton_Click()      '메모버튼 클릭
```

```
Dim memo As String
 '남겨진 메모를 memo변수에 기억
memo = InputBox("남길 메모를 작성하세요", "메모장")
Memocontrolpanel.Show
'남겨진 메모를 두 번째 폼의 samplecolor 레이블에 나타냄
Memocontrolpanel.samplecolor.Caption = memo
End Sub

Private Sub Exitbutton_Click()
Dim msg As String
Dim a As String
msg = "종료 할까요?"
a = MsgBox(msg, vbYesNo + vbQuestion, "종료확인")
If a = vbYes Then
MsgBox "프로그램을 종료합니다", vbOKOnly + vbInformation, "종료취소"
End If
End Sub
```

□ Memo control panel

컨트롤 종류	컨트롤 이름	속 성	설 정
레이블	Label1 Label2,3,4 samplecolor	Caption Caption	메모내용 Red, Green, Blue 메모내용 및 기본폼 배경색표시
명령버튼	Okbutton Cancelbutton	Caption Caption	Ok Cancel
수직스크롤바	Red Green Blue		Red값 조정 Green값 조정 Blue값 조정

□ 소스코드

```
Private Sub Blue_Change()    '청색의 농도를 배경색에 혼합
samplecolor.BackColor = RGB(Red.Value, Green.Value, Blue.Value)
End Sub
Private Sub Green_Change()    '녹색의 농도를 배경색에 혼합
samplecolor.BackColor = RGB(Red.Value, Green.Value, Blue.Value)
End Sub

Private Sub Red_Change()    '빨간색의 농도를 배경색에 혼합
samplecolor.BackColor = RGB(Red.Value, Green.Value, Blue.Value)
End Sub

Private Sub Okbutton_Click()    'Ok버튼 클릭
Form1.BackColor = RGB(Red.Value, Green.Value, Blue.Value)
Form1.Label1.BackColor = RGB(Red.Value, Green.Value, Blue.Value)
Form1.Label2.BackColor = RGB(Red.Value, Green.Value, Blue.Value)
Form1.Label3.BackColor = RGB(Red.Value, Green.Value, Blue.Value)
Form1.Label4.BackColor = RGB(Red.Value, Green.Value, Blue.Value)
Form1.Label5.BackColor = RGB(Red.Value, Green.Value, Blue.Value)
Form1.Label6.BackColor = RGB(Red.Value, Green.Value, Blue.Value)
Form1.Label7.BackColor = RGB(Red.Value, Green.Value, Blue.Value)
Memocontrolpanel.Hide
End Sub

Private Sub Cancelbutton_Click()    'Cancel버튼 클릭
Memocontrolpanel.Hide               '두번째 폼을 없앰
End Sub
```

예제 8.4 본 프로그램은 간단한 메모장을 만들고, 이와 함께 메모장의 배경색, 크기, 글자체를 변경할 수 있는 컨트롤 판넬을 추가하였다.

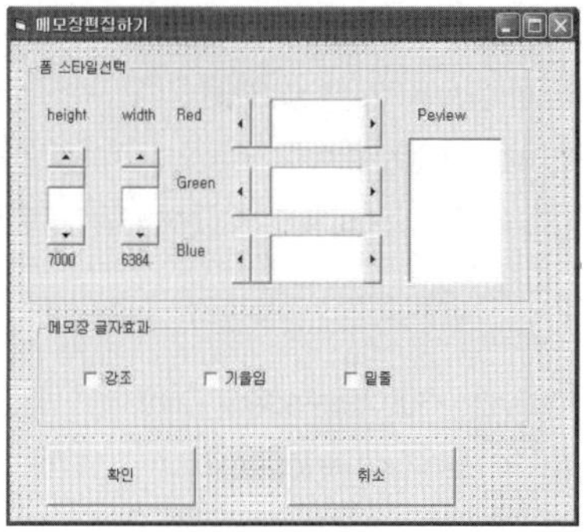

□ Form1

컨트롤 종류	컨트롤 이름	속 성	설 정
텍스트박스	Text1	Multiline	True
명령버튼	Command1	Caption	메모장 속성 변경하기
메뉴	filemenu	Caption	File
	saveitem	Caption	Save
	loaditem	Caption	Load
	slash	Caption	–
	exititem	Caption	Exit
	Editmenu	Caption	Edit
	cutitem	Caption	Cut
	pasteitem	Caption	Paste
	clearitem	Caption	Clear

□ 소스코드

```
Private cuttext As String
```

```
Private Sub clearitem_Click()       'Edit의 Clear메뉴선택
Text1.Text = ""                     '텍스트박스에 입력된 글을 지움
End Sub

Private Sub cutitem_Click()         'Edit의 Cut메뉴 선택
cuttext = Text1.SelText             '선택된 내용을 cuttext에 저장
Text1.SelText = ""                  '선택된 내용을 지움
pasteitem.Enabled = True            '붙이기 메뉴를 활성화
End Sub

Private Sub pasteitem_Click()       'Edit의 Paste메뉴 선택
Text1.SelText = cuttext             'cuttext에 저장된 내용을 커서의 현재위치에 나타냄
End Sub

Private Sub Text1_Change()          '텍스트박스에 글을 입력하는 순간
cutitem.Enabled = True              'Edit의 Cut메뉴 활성화
clearitem.Enabled = True            'Edit의 Clear메뉴 활성화
End Sub

Private Sub Command1_Click()        '메모장 속성 변경하기 버튼 클릭
editpanel.Show                      '두번째 폼을 나타냄
End Sub

Private Sub exititem_Click()        'File의 Exit메뉴선택
m = magbox("메모장을 종료하시겠습니까?", vbYesNo + vbQuestion, "종료확인")
If m = vbYes Then
End
Else
Exit Sub
End If
End Sub
```

□ Edit panel

컨트롤 종류	컨트롤 이름	속 성	설 정
수직스크롤바	nheight	LargeChange Max Min SmallChange Value	1000 14000 7000 500 7000
	nwidth	LargeChange Max Min SmallChange Value	1000 14000 5000 500 5000
수평스크롤바	nred	LargeChange Max Min SmallChange Value	1 32767 0 1 0
	ngreen nblue		
레이블	Label1	Caption	height
	Label2	Caption	width
	Label3	Caption	red
	Label4	Caption	green
	Label5	Caption	blue
	Label6	Caption	preview
	Label7		설정된 배경색 표시
	Label8		
	Label9		
체크박스	Check1	Caption	강조
	Check2	Caption	기울임
	Check3	Caption	밑줄
프래임	Frame1	Caption	폼 스타일선택
	Frame2	Caption	메모장 글자효과
명령버튼	Command1	Caption	확인
	Command2	Caption	취소

□ 소스코드

```
Private inputcaption As String

Private Sub Check1_Click()
If Check1.Value = 1 Then         '강조체크표시 유무 확인
Form1.Text1.FontBold = True
Else
Form1.Text1.FontBold = False
End If
End Sub

Private Sub Check2_Click()
If Check2.Value = 1 Then         '기울임체크표시 유무 확인
Form1.Text1.FontItalic = True
Else
Form1.Text1.FontItalic = False
End If
End Sub

Private Sub Check3_Click()
If Check3.Value = 1 Then         '이태릭체크 유무 확인
Form1.Text1.FontUnderline = True
Else
Form1.Text1.FontUnderline = False
End If
End Sub

Private Sub Command1_Click()      '확인버튼 클릭
a = MsgBox("편집을 변경하시겠습니까?", vbYesNo + vbQuestion, "편집모드종료")
If a = vbYes Then
```

```
b = MsgBox("편집을 완료하였습니다.", vbOKOnly + vbExclamation, "편집완료")
Form1.Caption = inputcaption   '입력된 표제를 첫 번째 폼의 표제에 나타냄
Form1.Height = nheight.Value   '수직스크롤바의 높이만큼 첫 번째폼의 높이 설정
Form1.Width = nwidth.Value   '수직스크롤바의 높이만큼 첫 번째폼의 폭 설정
Form1.BackColor = RGB(nred.Value, ngreen.Value, nblue.Value)   '혼합된 색
깔을 첫 번째폼의 배경색으로 설정
editpanel.Hide   '두번째 폼 감춤
Form1.Show
Else
b = MsgBox("편집을 취소하셨습니다.", vbOKOnly + vbInformation, "편집취소")
Exit Sub
End If
End Sub

Private Sub Command2_Click()      '취소버튼 클릭
a = MsgBox("취소하셨습니다", vbOKOnly + vbInformation, "편집취소")
Form1.Text1.FontBold = False
Form1.Text1.FontItalic = False
Form1.Text1.FontUnderline = False
editpanel.Hide
End Sub

Private Sub Form_Load()
msg = "변경할 메모장의 캡션을 입력해 주세요"
Title = "메모장 캡션변경하기"
defval = "문자를 입력하세요"
inputcaption = InputBox(msg, Title, defval)
m = MsgBox("입력하신 메모장의 캡션은" & inputcaption & "입니다", vbOKOnly
+ vbInformation, "캡션변경확인")
End Sub
```

```
Private Sub nblue_Change()    '청색의 농도 혼합
Label7.BackColor = RGB(nred.Value, ngreen.Value, nblue.Value)
End Sub

Private Sub ngreen_Change()    '녹색의 농도 혼합
Label7.BackColor = RGB(nred.Value, ngreen.Value, nblue.Value)
End Sub

Private Sub nred_Change()    '빨간색 농도 혼합
Label7.BackColor = RGB(nred.Value, ngreen.Value, nblue.Value)
End Sub

Private Sub nheight_Change()    '높이설정
Label8.Caption = nheight.Value
End Sub

Private Sub nwidth_Change()    '폭설정
Label9.Caption = nwidth.Value
End Sub
```

예제 8.5 본 프로그램은 이름, 주민등록번호, 주소 및 휴대폰번호를 입력한 후 입력된 정보를 확인 한 후 5대도시를 선택한 후 5대도시의 주요 여행지를 출력하는 프로그램입니다.

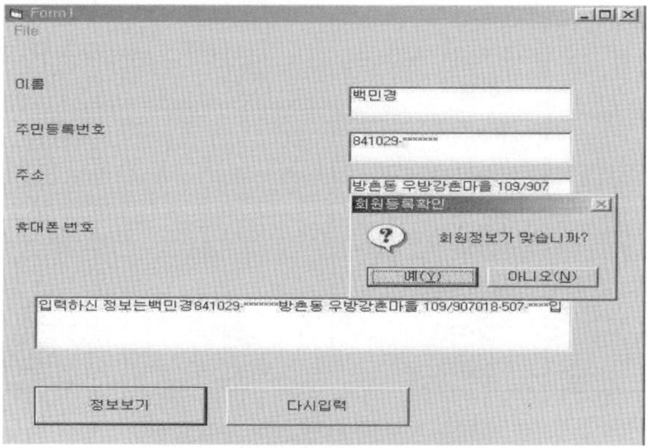

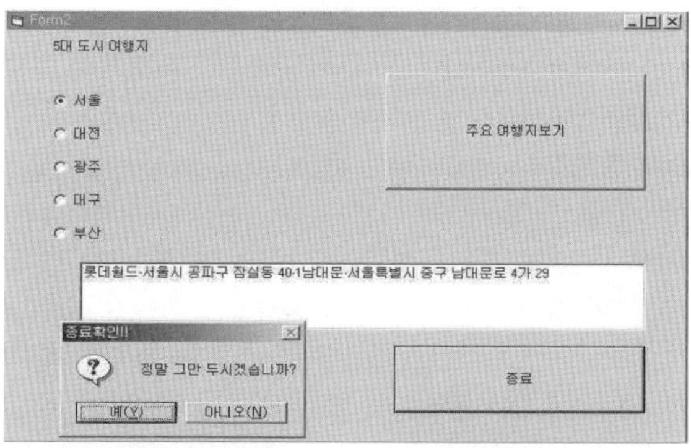

□ Form1

컨트롤 종류	컨트롤 이름	속 성	설 정
레이블	Label1 Label2 Label3 Label4	Caption Caption Caption Caption	이름 주민등록번호 주소 휴대폰번호
텍스트박스	Text1 Text2 Text3 Text4 Text5		이름입력 주민등록번호입력 주소입력 휴대폰번호입력 입력된 정보를 출력
명령버튼	Command1 Command2	Caption Caption	정보보기 다시입력

□ 소스코드

```
Private Sub Command1_Click()
Dim a As Integer
 '이름, 주민등록번호, 주소 및 휴대폰 출력
Text5.Text = "입력하신 정보는" + Text1.Text + Text2.Text + Text3.Text +
Text4.Text + "입니다."
a = MsgBox("회원정보가 맞습니까?", vbYesNo + vbQuestion, "회원등록확인")
If a = vbYes Then    'Yes 클릭
b = MsgBox("환영합니다.. 여행지보기로 가시겠습니까?", vbOKOnly +
vbExclamation, "회원가입")
End If
If a = vbNo Then     'No 클릭
End
End If
Form2.Show
End Sub
```

```
Private Sub Command2_Click()      '다시입력 버튼 클릭
Text1.Text = ""
Text2.Text = ""
Text3.Text = ""
Text4.Text = ""
End Sub
```

□ Form2

컨트롤 종류	컨트롤 이름	속 성	설 정
레이블	Label1	Caption	5대 도시 여행지
옵션버튼	Option1 Option2 Option3 Option4 Option5	Caption Caption Caption Caption Caption	서울 대전 광주 대구 부산
텍스트박스	Text1		5대도시 여행지 출력
명령버튼	Command1 Command2	Caption Caption	주요 여행지 보기 종료

□ 소스코드

```
Private Sub Command1_Click()      '주요  여행지 보기 클릭
Dim a As Integer
If Option1.Value = True Then      '서울버튼 클릭 유무 확인
result = "롯데월드"
End If
If Option2.Value = True Then      '대전버튼 클릭유무 확힌
result = "엑스포 과학공원"
End If
```

```
If Option3.Value = True Then        '광주버튼 클릭유무 확인
result = "관음사"
End If
If Option4.Value = True Then        '대구버튼 클릭유무 확인
result = "동화사"
End If
If Option5.Value = True Then        '부산버튼 클릭유무 확인
result = "선암사"
End If
text1.Text = result                 '선택된 도시의 여행지 출력
End Sub

Private Sub Command2_Click()
Dim a As Integer
a = MsgBox("정말 그만 두시겠습니까", vbYesNo + vbQuestion, "종료확신")
End
If a = vbYes Then
b = MsgBox("종료합니다", vbOKOnly + vbExclamation, "그만!!")
End
ElseIf a = vbNo Then
b = MsgBox("취소하셨습니다", vbOKOnly + vbInformation, "종료취소")
End If
End Sub
```

예제 8.6 본 프로그램은 다섯 가지의 과목점수를 입력하여 평균을 구한 다음 평균에 따른 자신의 학점을 확인하는 프로그램입니다.

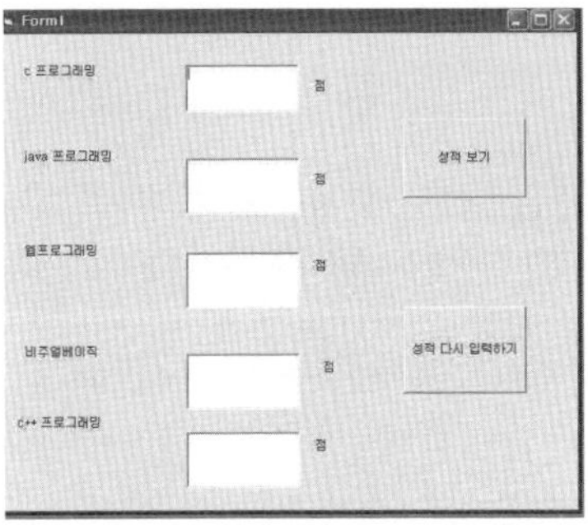

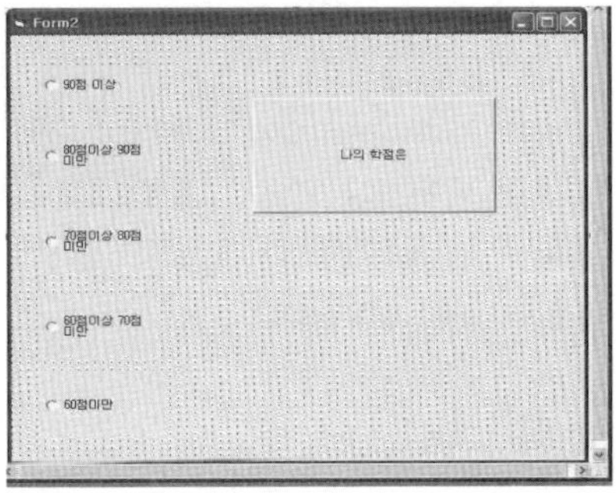

□ Form1

컨트롤 종류	컨트롤 이름	속 성	설 정
레이블	Label1 Label2 Label3 Label4 Label5	Caption Caption Caption Caption Caption	C 프로그래밍 JAVA 프로그래밍 웹 프로그래밍 Visual Basic 프로그래밍 C++ 프로그래밍
텍스트박스	Text1–Text5		C 프로그래밍, JAVA 프로그래밍,웹 프로그래밍, Visual Basic 프로그래밍, C++ 프로그래밍 점수입력
명령버튼	Command1 Command2	Caption Caption	성적보기 성적 다시 입력하기
메뉴	filemenu exititem	Caption Caption	파일 exit

□ 소스코드

```
Dim no1, no2, no3, no4, no5, sum As Integer
Dim ave As Double
Dim msg As String

Private Sub Command1_Click()    '성적보기 버튼 클릭
no1 = Val(Text1.Text)    '입력된 C프로그래밍 점수를 계산을 위한 숫자형 변수로 변환
no2 = Val(Text2.Text)    '입력된 JAVA프로그래밍 점수를 계산을 위한 숫자형변수로 변환
no3 = Val(Text3.Text)
no4 = Val(Text4.Text)
no5 = Val(Text5.Text)
sum = no1 + no2 + no3 + no4 + no5    '총점계산
ave = sum / 5                        '평균계산
msg = "" & ave & ""                  '평균값을 msg변수에 입력
MsgBox msg, vbOKOnly + vbExclamation, "나의 평균학점"

If ave >= 90 Then                    '평균값이 90이상 유무확인
Form2.Option1.Value = True           '두번째 폼의 첫 번째 옵션버튼에 체크표시
ElseIf ave >= 80 And ave < 90 Then   '평균값이 80과 90사이 유무확인
Form2.Option2.Value = True           '두번째 폼의 두 번째 옵션버튼에 체크표시
ElseIf ave >= 70 And ave < 80 Then   '평균값이 70과 80사이 유무확인
Form2.Option3.Value = True
ElseIf ave >= 60 And ave < 70 Then   '평균값이 60과 70사이 유무확인
Form2.Option4.Value = True
Else                                 '평균값이 60이하
Form2.Option5.Value = True
End If

Form2.Show                           '두번째 폼 나타냄
End Sub
```

```
Private Sub Command2_Click()          '성적 다시 입력하기 버튼 클릭
Text1.Text = ""                      '입력된 C프로그래밍 점수를 지움
Text2.Text = ""
Text3.Text = ""
Text4.Text = ""
Text5.Text = ""
Form2.Hide                           '두번째 폼 감춤
End Sub

Private Sub exititem_Click()         'exit버튼 클릭
ex = MsgBox("성적확인을 끝내셨나요?", vbYesNo + vbQuestion, "확인!")
If ex = vbYes Then
noex = MsgBox("성적확인을 종료합니다.", vbExclamation, "종료!")
End
Else
noex = MsgBox("계속 확인하시겠습니까?", vbExclamation, "종료취소!")
End If
End Sub
```

□ Form2

컨트롤 종류	컨트롤 이름	속 성	설 정
옵션버튼	Option1 Option2 Option3 Option4 Option5	Caption Caption Caption Caption Caption	90점 이상 80점이상 90점미만 70점이상 80점미만 69점이상 79점미만 60점미만
명령버튼	Command3	Caption	나의 학점은?

□ 소스코드

```
Private Sub Command3_Click()      '나의 학점은 버튼 클릭
If Option1.Value = True Then      '90점이상 버튼 클릭유무 확인
MsgBox "당신의 성적은 A 입니다.", vbOKOnly + vbInformation
ElseIf Option2.Value = True Then    '80점이상 90점미만 버튼 클릭유무 확인
MsgBox "당신의 성적은 B 입니다.", vbOKOnly + vbInformation
ElseIf Option3.Value = True Then
MsgBox "당신의 성적은 C 입니다.", vbOKOnly + vbInformation
ElseIf Option4.Value = True Then
MsgBox "당신의 성적은 D 입니다.", vbOKOnly + vbInformation
Else
MsgBox "당신의 성적은 F 입니다.", vbOKOnly + vbInformation
End If
End Sub
```

예제 8.7 다음 프로그램은 3개의 스크롤바를 이용해서 사각형도형의 RGB 색상값을 조절해 보는 프로그램이다.

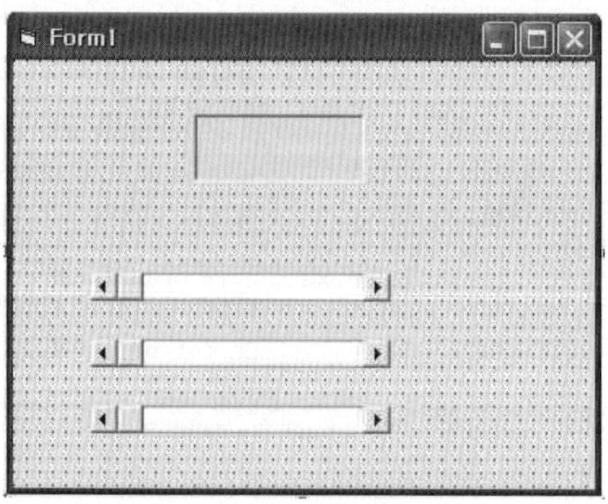

컨트롤 종류	컨트롤명	속 성	설정값
수평스크롤바	HScrollBar1 · 2 · 3	LargeChange Max Min SmallChange	30 255 0 1
라벨	Label1	BorderStyle	단일고정
	Label2 · 3 · 4	AutoSize	True

□ 소스코드

```
Private Sub Form_Load()
 HScroll1.Value = 255
 HScroll2.Value = 255
 HScroll3.Value = 255
 Label1.BackColor = RGB(255, 255, 255)
End Sub

Private Sub HScroll1_Change()
 Label2 = "Red: " & HScroll1.Value
 Label1.BackColor = RGB(HScroll1.Value, HScroll2.Value, HScroll3.Value)
End Sub

Private Sub HScroll2_Change()
 Label3 = "Green: " & HScroll2.Value
 Label1.BackColor = RGB(HScroll1.Value, HScroll2.Value, HScroll3.Value)
End Sub

Private Sub HScroll3_Change()
 Label4 = "Blue: " & HScroll3.Value
 Label1.BackColor = RGB(HScroll1.Value, HScroll2.Value, HScroll3.Value)
End Sub
```

Chapter 09

리스트박스

ListBox

ListBox는 열거된 항목 중에서 하나 또는 여러 개의 항목을 선택할 때 쓰는 컨트롤이다. 또한 ListBox에 열거된 항목은 선택만 가능할 뿐, 직접 수정할 수는 없다. 일반적으로 선택한 항목을 수정하려면, TextBox 컨트롤과 연관시켜 수정할수 있다.

리스트박스(List Box)는 여러 개의 선택 사항이 있고 그 선택에 제한을 둘 때 사용된다. 반면 콤보박스(Combe Box)는 더 많은 선택의 기회를 제공한다. 콤보박스의 텍스트 박스에 직접 선택할 내용을 입력할 수 있다. 일반적으로 선택사항이 많을 때는 리스트 박스가 유용하다. 리스트 박스는 스크롤 바를 가질 수 있기 때문에 메뉴에서 나타내는 것보다 훨씬 많은 수의 선택 사항을 나타낼 수 있다.

예제 9.1 간단한 데이터 베이스 프로그램을 만들어 보자. 데이터 베이스 프로그램은 대체로 데이터를 어떤 키에 따라 정렬한다. 이것은 리스트 박스를 통해서 할 수 있으며 이와 같은 리스트 박스의 속성은 Sorted 속성이다. 이 속성은 True이면 리스트 박스 내의 모든 아이템이 알파벳 순서로 정렬된다.

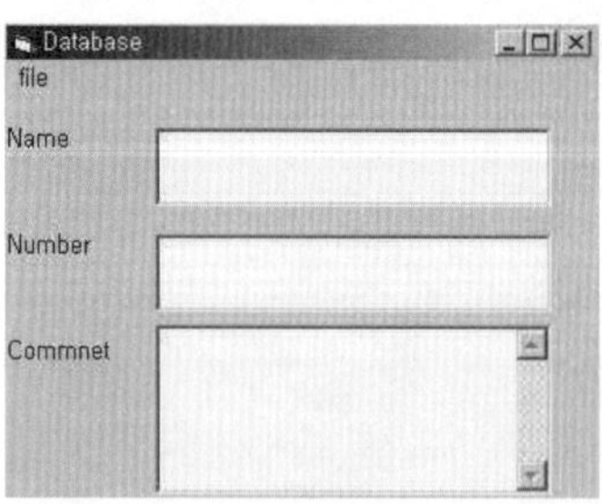

[초기화면]

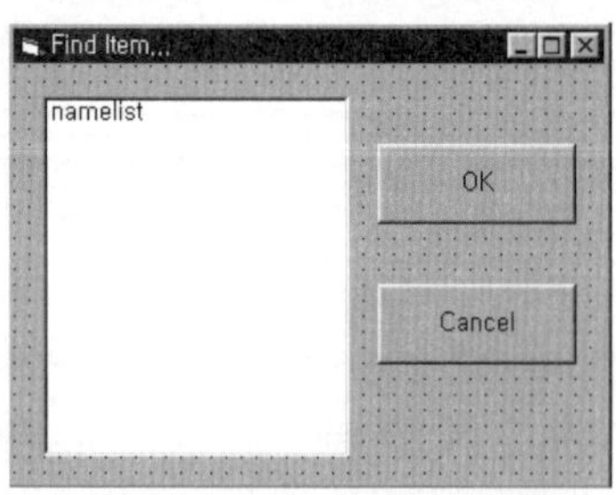

[Add Item메뉴 선택 화면]

메뉴 디자인 윈도우의 사용자가 Add Item을 클릭할 때는 텍스트 박스의 현재 내용이 데이터베이스에 저장되기를 바란다. 이를 위해서는 몇 개의 전역 변수를 셋업 해야 된다. 이 변수들은 폼 수준이 아니라 전역 수준인 것에 주의해야 된다. 그래서 변수들을 액세스할 수 있는 모듈을 만들어야 한다. 여기서 우리는 모듈(module)이 무엇인지 알아볼 필요가 있다.

모듈은 하나의 프로젝트에서 전역적으로 쓰이는 상수, 변수, 프로시저, 함수 등을 모아 놓은 프로그램 모듈이다. 같은 프로그램 모듈이라도 폼과는 달리 자원이나 화면 디자인에 관한 정보는 들어 있지 않다. 대신 폼이 지역적인 성격을 띄는 반면, 모듈은 전역적인 성격을 띄기 때문에 모듈에서 선언된 변수들은 다른 모듈, 폼에서 모두 쓰일 수 있다. 파일 저장시에 확장자는 *.bas이다.

□ Module1의 소스코드

```
Global names(100) As String
Global numbers(100) As String
Global comments(100) As String
Global totalrecords As Integer
```

□ Module2의 소스코드

```
Public Sub getitem()
For loop_index% = 1 To 100
If names(loop_index%) = Form2.namelist.Text Then Exit For
Next loop_index%
Form1.namefield.Text = names(loop_index%)
Form1.numberfield.Text = numbers(loop_index%)
```

```
Form1.commentfield.Text = comments(loop_index%)
Form2.Hide
End Sub
```

□ Form1 Control

컨트롤 종류	컨트롤명	속 성	설 정
form	form1	Caption	"Database"
Textbox	namefield	TabIndex	0
	numberfield	TabIndex	1
	Commentfield	TabIndex	2
		Multiline	true
		ScrollBars	수직
Label	Label1	Caption	"Name"
	Label2	Caption	"Number"
	Label3	Caption	"Comment"
Menu	filemenu	Caption	"File"
	addanitem	Caption	"Add Item"
	finditem	Caption	"Find Item"
	saveitem	Caption	"Save File..."
	loaditem	Caption	"Load File"
	exititem	Caption	"Exit"

□ 소스코드

```
Private Sub addanitem_Click()
totalrecords = totalrecords + 1
names(totalrecords) = namefield.Text
numbers(totalrecords) = numberfield.Text
comments(totalrecords) = commentfield.Text
```

```
Form2.namelist.AddItem namefield.Text
End Sub

Private Sub exititem_Click()
End
End Sub

Private Sub Finditem_Click()
Form2.Show
End Sub
```

□ Form2 Control

컨트롤 종류	컨트롤명	속 성	설 정
form2	form	Caption	"Find Item..."
CommandButton1	Cancelbutton	Caption	"Cancel"
		TabIndex	2
CommandButton2	okbutton	Caption	"OK"
		TabIndex	1
ListBox	namelist	Sorted	True
		TabIndex	0

□ 소스코드

```
Private Sub cancelbutton_Click()
Form2.Hide
End Sub

Private Sub namelist_DblClick()
Call getitem
```

```
End Sub

Private Sub okbutton_Click()
Call getitem
End Sub
```

사용자 정의 데이터 형식 정의하기

예제 9.2

사용자 정의 데이터 형식은 레코드(Record) 또는 구조(Structure)라고 한다. 사용자 정의 데이터 형식의 이름은 Type키워드 다음에 입력하여 정의한다. 그 이름은 예약 단어, 키워드 또는 선언되어 있는 변수 이름이 아니어야 한다. 이미 Client라는 이름의 변수를 정의해 놓았다면 Client라는 이름의 사용자 정의 데이터 형식을 만들 수 없다. 모든 사용자 정의 데이터 형식은 모듈 수준에서 선언해야 한다. 즉, 프로시저 내에서 선언할 수 없다. 형식을 폼 모듈에서 선언할 수 있지만 이때는 Private로 선언되어야 하며 그 데이터 형식은 해당 폼 모듈의 코드에서만 사용할 수 있다. 데이터 형식을 구성하는 개별 필드를 사용하려면 변수 이름과 마침표(.), 그리고 필드 이름을 사용해야 된다.

```
Type Record
  Name As String * 50
  Number As String * 20
  Comment As String * 200
End Type
```

여기서 As String필드 형식의 뒤에 *StringLength를 추가하면 구조에 사용되는 문자열 변수의 크기를 제한할 수 있다. 고정길이 문자열에서는 문자열을 StringLength의 절대 길이로 설정한다. 이것은 임의적으로 구조를 파일에서 읽거나 기록하고자 할 때 필요하다. 각 레코드를 파일에 기록할 때 필요한 고정 문자열 길이는 임의적으로 레코드에 안전하게 접근 할 수 있도록 항상 같은 길이를 갖는다. 앞 부분의 데이터베이스 프로그램을 Record형식으로 수정해보자.

□ Module1

```
Type Record
        Name As String * 50
        Number As String * 20
        Comment As String * 200
  End Type
Global TheData(100) As Record
Global TotalRecords As Integer
```

□ Form1

```
Private Sub addanitem_Click()
TotalRecords = TotalRecords + 1
TheData(TotalRecords).Name = namefield.Text
TheData(TotalRecords).Number = numberfield.Text
TheData(TotalRecords).Comment = commentfield.Text
Form2.namelist.AddItem namefield.Text
End Sub
```

문자열 고르기와 자르기 함수의 형식은 Ltrim( )과 Rtrim( )으로 이것은 문자열의 처음과 끝에 있는 공백을 잘라낸다. Ltrim( )은 인자의 문자열 앞에 붙어 있는 공백을 삭제하여 리턴한다. Rtrim( )은 인자의 문자열 뒤에 붙어 있는 공백을 삭제하여 리턴한다. Str( )은 항상 양수에 대하여 앞쪽에 하나의 공백을 추가하여 변환시켜준다.

```
Str1 = Str(234)        ' " 234"를 저장한다
Str2 = Ltrim(Str(234))        ' " 234"를 저장한다.
```

Ltrim( )과 Rtrim( )를 사용해 데이터베이스 프로그램에서 GetItem( ) 코드를 수정해 보자.

□ Module2

```
Public Sub getitem()
For loop_index% = 1 To 100
If RTrim$(TheData(loop_index%).Name) = RTrim$(Form2.namelist.Text) Then
Exit For
Next loop_index%
Form1.namefield.Text = TheData(loop_index%).Name
Form1.numberfield.Text = TheData(loop_index%).Number
Form1.commentfield.Text = TheData(loop_index%).Comment
Form2.Hide
End Sub
```

예제 9.3 본 프로그램은 List Box를 이용하여 전화번호를 등록 및 삭제하는 프로그램이며 이와 함께 메시지함수를 사용하였다.

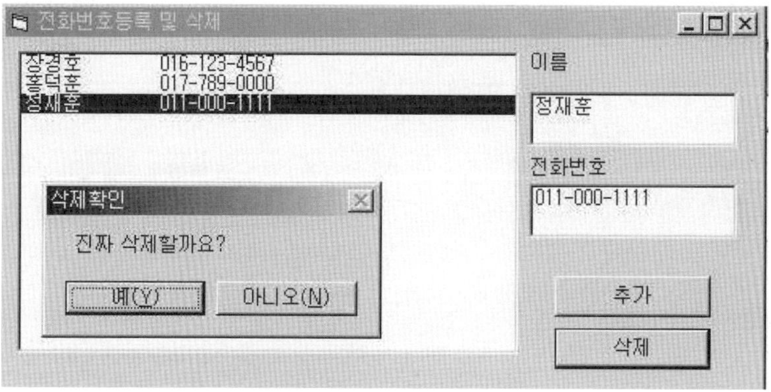

컨트롤 종류	컨트롤명	속 성	설 정
form	form1	Caption	"전화번호등록 및 삭제"
Commandbutton	command1	Caption	"추가 "
		이름	command1
	command2	Caption	"삭제 "
		이름	command2
Textbox	text1	이름	text1
	text2	이름	text2
Listbox	listbox	이름	list1
Label	label1	Caption	"이름"
	label2	Caption	"전화번호"

□ 소스코드

```
Option Explicit

Private Sub Command1_Click()
list1.AddItem Text1.Text & "                    " & Text2.Text
Call clear
End Sub

Public Sub clear()
Text1 = ""
Text2 = ""
Text1.SetFocus
End Sub

Private Sub Command2_Click()
Dim ans As Integer

ans = MsgBox("진짜 삭제할까요?", vbYesNo, "삭제확인")
If ans = vbYes Then
list1.RemoveItem list1.ListIndex
Call clear
End If
End Sub

Private Sub list1_Click()
Text1 = Left(list1.Text, 3)
Text2 = LTrim(Right(list1.Text, Len(list1.Text) - 3))
End Sub
```

예제 9.4 다음 프로그램은 이름, 국어점수, 영어점수, 수학점수, 총점 및 평균을 기억할 요소를 사용자 정의 데이터형으로 정의한 후 국어점수, 영어점수, 수학점수를 입력한 후 총점 및 평균을 출력하는 프로그램이다.

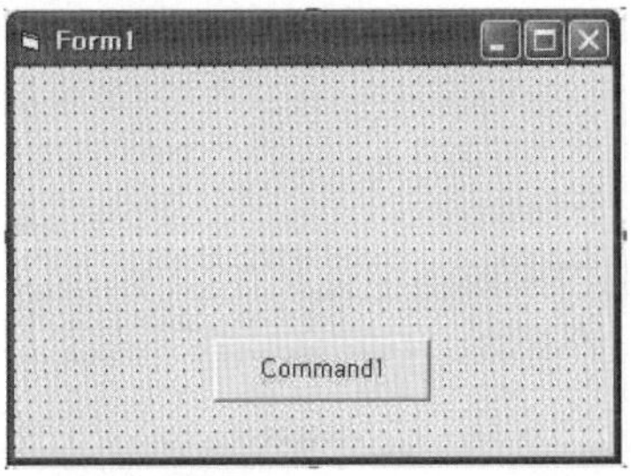

□ 소스코드

```
Option Explicit
Private Type UScore
 Name As String * 10
 Kor As Integer
 Eng As Integer
 Mat As Integer
 Sum As Integer
 Avg As Integer
End Type

Private Sub Command1_Click()
 Dim Score As UScore
 Score.Name = "Kim Min Ji"
 Score.Kor = 85
 Score.Eng = 100
 Score.Mat = 90
```

```
    Score.Sum = Score.Kor + Score.Eng + Score.Mat
    Score.Avg = Score.Sum / 3

    Print "Name", "Sum", "Avg"
    Print Score.Name, Score.Sum, Score.Eng
End Sub
```

예제 9.5 다음 예제는 입력글자의 크기, 스타일 및 색상을 선택해서 적용하는 프로그램이다.

컨트롤 종류	컨트롤명	속 성	설정값
텍스트박스	Text1	text	계명대학교
프래임	Frame1	caption	크기:
	Frame2	caption	스타일:
옵션	optBigSize	caption	최대크기
	optMidSize	caption	중간크기
	optSmallSize	caption	최소크기

컨트롤 종류	컨트롤명	속　성	설정값
체크박스	chkFontAttribute	caption	굵게
		index	0
	chkFontAttribute	caption	밑줄
		index	1
	chkFontAttribute	caption	이탤릭
		index	2
라벨	Label1	caption	색
콤보박스	cboFontColor	style	2
		list	검정, 빨강
명령버튼	cmdExit	caption	종료

□ 소스코드

```
Private Sub CboFontColor_Click()
 Select Case CboFontColor.ListIndex
 Case 0
  Text1.ForeColor = &H0
 Case 1
  Text1.ForeColor = &HFF
 End Select
End Sub

Private Sub ChkFontAttribute_Click(Index As Integer)
 Select Case Index
 Case 0
  Text1.Font.Bold = ChkFontAttribute(0).Value
 Case 1
  Text1.Font.Underline = ChkFontAttribute(1).Value
 Case 2
```

```
  Text1.Font.Italic = ChkFontAttribute(2).Value
 End Select
End Sub

Private Sub CmdExit_Click()
End
End Sub

Private Sub Form_Load()
 CboFontColor.ListIndex = 0
End Sub

Private Sub OptBigSize_Click()
 Text1.Font.Size = 40
End Sub

Private Sub OptMidSize_Click()
 Text1.Font.Size = 20
End Sub

Private Sub OptSmallSize_Click()
 Text1.Font.Size = 10
End Sub
```

예제 9.6 다음 예제는 물품구입 수량을 입력하고 구입물품을 선택하면 총 구매금액이 출력되는 프로그램이다.

컨트롤 종류	컨트롤명	속 성	설정값
라벨	Label1	caption	구입수량
	Label2	caption	구입물품
	Label3	caption	구입금액
텍스트박스	Text1	text	" "
	Text2	text	" "
콤보박스	combo1	text	구입물품선택

□ 소스코드

```
Option Explicit
Dim unitcost, totalcost

Private Sub Form_Load()
 Combo1.AddItem "Milk"
 Combo1.AddItem "Cola"
 Combo1.AddItem "Juice"
 Combo1.AddItem "Cider"
 Combo1.AddItem "Yogurt"
```

```
End Sub

Private Sub Combo1_Click()
 Select Case Combo1.Text
  Case "Milk": unitcost = 850
  Case "Cola": unitcost = 470
  Case "Juice": unitcost = 1480
  Case "Cider": unitcost = 500
  Case "Yogurt": unitcost = 320
 End Select

 totalcost = unitcost * Val(Text1.Text)
 Text2.Text = totalcost & "won"
End Sub
```

Chapter 10

그림박스, OLE, 타미어 및 MDI

그림박스

예제 10.1 컨트롤박스안의 그림상자(PictureBox)를 더블클릭하여 폼안에 활성화시킨다. 그림상자의 이름을 각각 디폴트값인 Picture1으로 설정한다. 좌측의 속성중 Picture속성을 활성화시키면 [그림 로드]라는 상자가 화면에 표시된다. 그림을 선정하기 위해 다음과 같이(C://windows/)다이렉토리에 있는 그림파일 중 한개를 선정한다.

두 번째 그림상자의 경우에도 같은 방법으로 (C://windows/)다이렉토리에 있는 그림파일중 한개를 선정한다. 명령버튼 2개를 폼안에 활성화시키고 이름을 각각 Command1과 Command2로 하며 Command1를 클릭하면 그림2개 모두 보여지며 Command2를 클릭하면 그림2개 모두 감추어진다.

[그림 로드(Load Picture)화면]

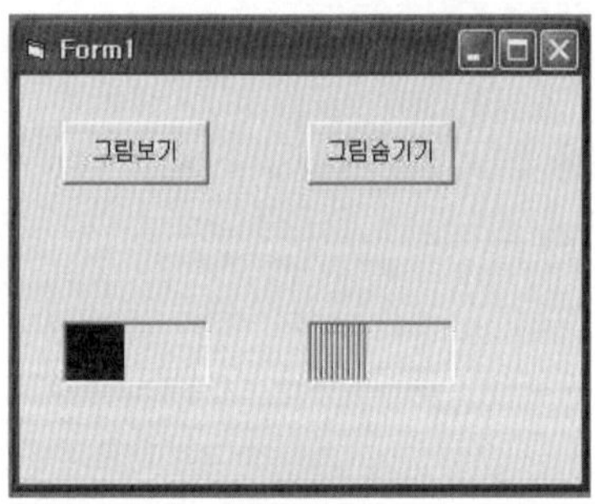

[결과화면]

컨트롤 종류	컨트롤 이름	속 성
그림상자	picture1	c://windows/에서 첫 번째그림 선정
	picture2	c://windows/에서 두 번째그림 선정
명령버튼	command1	caption: 그림보기
	command2	caption: 그림숨기기

□ 소스코드

```
Private Sub Command1_Click()
Picture1.Visible = True
Picture2.Visible = True
Beep
End Sub

Private Sub Command2_Click()
Picture1.Visible = False
Picture2.Visible = False
Beep
End Sub
```

OLE연습

예제 10.2 본 예제는 OLE컨트롤을 이용하여 실행아이콘 혹은 실행파일들과 연결하여 각각의 프로그램들을 실행시킬 수 있다. 도구상자의 "OLE버튼"을 더블클릭하면 [개체삽입]상자가 등장한다. 개체삽입 상자의 우측하단에 표기된 [아이콘으로 표시]옵션을 선택한다. 이 옵션을 선택함으로 인해 응용프로그램의 직접 실행을 가능하게 한다. 원하는 개체유형을 선택(여기서는 OLE1에 해당되는 Microsoft Excel 워크시트를 선택)한 후 확인버튼을 누른다. OLE1을 폼안에 적절히 위치시킨다. 같은 방법으로 OLE2를 생성하여 Power Point를 선택한다. 프로그램을 실행시키고 Excel 혹은 Power Point를 클릭하면 각각의 프로그램들이 실행하게 된다.

[개체삽입화면]

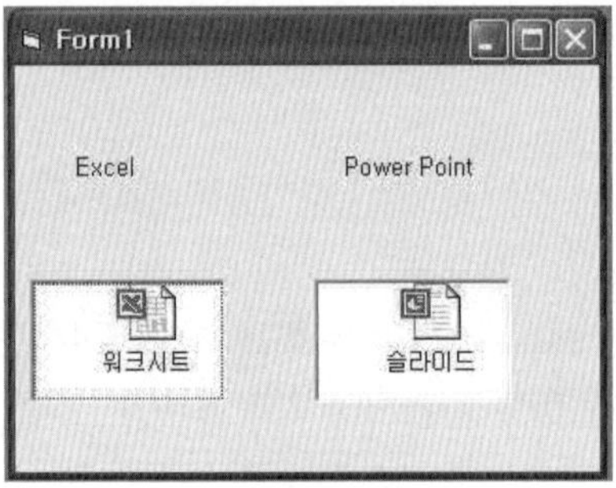

[완성화면]

컨트롤 종류	컨트롤 이름	속성 값
라벨	Label1	Caption:
	Label2	Caption:
OLE	OLE1	개체삽입: Excel
	OLE2	개체삽입: Power Point

타이머 연습

예제 10.3 타이머 컨트롤은 규칙적으로 타니머 이벤트를 발생시켜 일정한 간격으로 설정된 내용을 반복 실행하기 위해 사용한다. 폼에 배치하면 아이콘 모양으로 표시되지만, 실행하면 보이지 않는다. 타이머 컨트롤의 속성은 아주 단순하며 Interval 및 Enabled 속성을 이용하여 쉽게 코딩할 수 있다. 다음예제는 시작버튼을 누르면 "초" 및 "분"이 경과하는 것을 나타내는 프로그램이다.

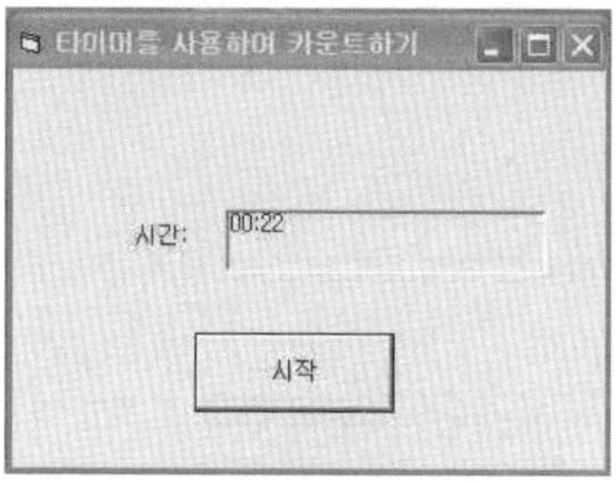

[실행화면]

컨트롤 종류	속　성	설　정
폼	Name	frmCount
	Caption	타이머를 사용하여 카운트
	StartUpPosition	2-화면가운데
레이블	Name	lblTime
	Caption	시간
레이블	Name	lblCount
	Caption	" "
	Borderstyle	단일고정
타이머	Name	Timer1
	Interval	1000
커멘트버튼	Name	cmdCount
	Caption	시작

□ 소스코드

```
Dim Time_Count As Long

Private Sub Form_Load()
lblCount.Caption = "00:00"
Time_Count = 0
End Sub

Private Sub cmdCount_Click()
Timer1.Enabled = True
End Sub

Private Sub Timer1_Timer()
Dim Min, Sec As Integer
Dim Min_str, Sec_str As String
Dim View_Count As String

Min = Time_Count / 60
Sec = Time_Count Mod 60              '분을 만듬
Min_str = Format(Str(Min), "00") '초를 만듬
Sec_str = Format(Str(Sec), "00")
View_Count = Min_str + ":" + Sec_str '분,초를 나타내는 시간형식 문자열로 바꿈
lblCount.Caption = View_Count
Time_Count = Time_Count + 1
End Sub
```

MDI 연습

예제 10.4

MDI란 Multiple-Document Interface(다중 문서 인터페이스)의 약어로서 하나의 윈도우(MDI 상위폼)안에 여러 개의 하위 윈도우(MDI 하위 폼)를 갖는 것으로 하나의 프로그램 안에 들어갈 수 있는 MDI 상위 폼은 한 개 뿐이다.

[프로젝트] ⇒ [MDI 폼추가] 메뉴를 클릭하여 [열기]버튼을 틀릭한다. 프로젝트 창에서 보이듯 표준 폼 파일의 아이콘이 큰 폼 윈도우 하나를 세워 놓은 모양으로 되어 있는 반면에, MDI 폼의 아이콘은 큰 폼 좌측에 작은 폼 하나가 추가로 표시되어 있음을 알 수 있다.

MDI 상위폼과 하위폼을 구별하기 위해 프로젝트 창에서 Form1.frm을 선택하고, Form1의 속성창에서 MDIChild의 속성을 True로 설정한다. 하나의 프로젝트 안에 표준폼(Form1)과 MDI폼(MDIForm1)이 존재할 때 표준 폼의 MDIChild속성을 True로 설정하게 되면 표준폼은 하위폼이 되고, MDI폼은 상위폼이 된다.

[프로젝트] ⇒ [폼추가] 메뉴를 클릭하여 프로젝트에 Form2과 Form3를 각각 추가하고 각각의 속성창에서 MDIChild의 속성을 True로 설정한다. 아래의 프로그램을 입력하고 실행시키면 MDIForm1내에 하위폼 Form1, Form2 및 Form3이 계단식으로 생성하게 된다, 중요한 사실은 프로그램이 실행된 후에 하위폼들은 상위 폼 내부에서 자유롭게 끌기(Dragging)가 가능하지만 상위 폼 밖으로는 불가능하다.

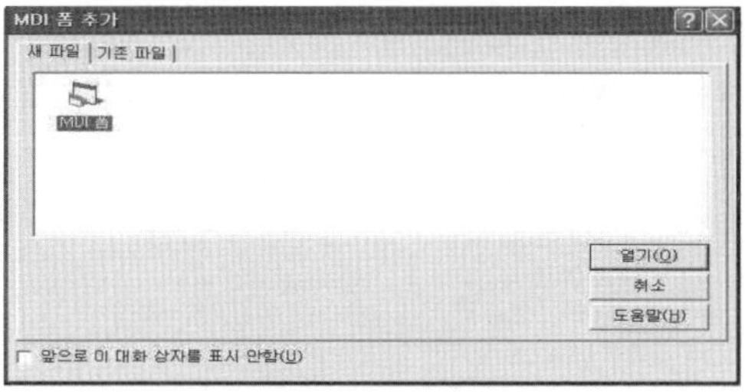

[MDI폼 추가상자]

[프로젝트창]

[결과화면]

폼 종류	폼 이름	속성값
MDI폼	MDIForm1	
일반폼	Form1	MDIChild: True
	Form2	MDIChild: True
	Form3	MDIChild: True

□ 소스코드

```
Private Sub MDIForm_Load()
Form1.Show
Form2.Show
Form3.Show
End Sub
```

Chapter 11

고급컨트롤

탭 대화상자 연습

예제 11.1 [탭 대화상자]란 하나의 대화상자 공간으로 여러 개의 대화상자처럼 사용할 수 있는 공간 절약형 대화상자이다. "탭 대화상자 컨트롤"은 표준도구상자에는 포함되어 있지 않으므로 메뉴에서 추가해서 사용해야 한다.

컨트롤 바탕화면에서 마우스를 위치시키고 마우스의 오른쪽버튼을 클릭한다. 구성요소 대화상자에서 [Microsoft Tabbed Dialog Control 6.0]체크박스에 체크표시(V)를 하고 [확인]버튼을 누른다. 도구상자에 추가된 SSTab 컨트롤을 더블클릭하여 폼안에 배치시킨다. 이름은 SSTab1, Caption: 성명, 학과 및 학년, Tabs: 3, TabsPerRow: 3으로 설정한다.

[성명탭]을 선택하여 텍스트 박스를 추가하고 속성을 설정한다. 단 각각의 탭 상자에 컨트들을 추가하기 위해서는 도구상자의 컨트롤을 더블 클릭하는 것이 아니라 싱글 클릭하여 탭상자안에 직접 마우스로 드래깅(끌기)하여 그려야 한다. 테스트박스 각각의 이름은 txtName, txtDept, txtNumber로 설정한다.

명령버튼 2개를 폼에 위치시키고 각각 command1과 command2로 설정한다. command1을 클릭하면 성명, 학과 및 학번에 입력된 값이 출력되고 command2를 클릭하면 종료하게 된다.

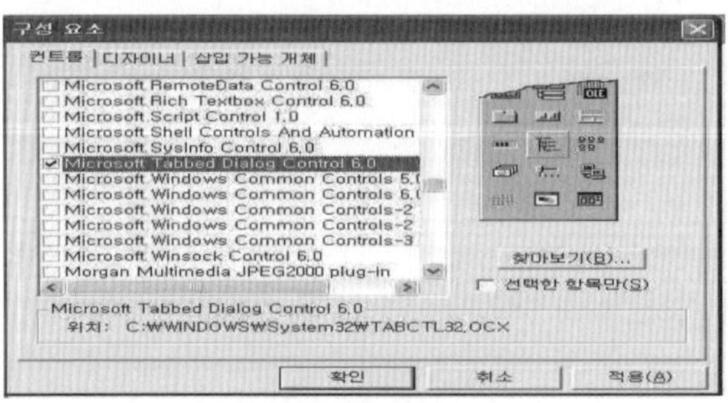

[구성요소 대화상자]

[SSTab 컨트롤]

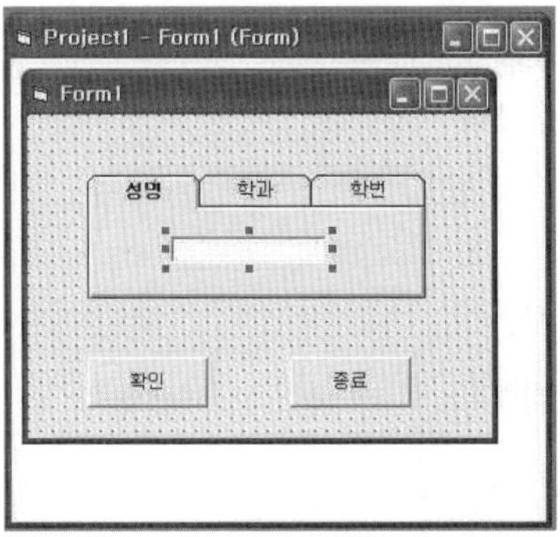

[폼화면]

컨트롤 종류	컨트롤 이름	속성값
탭대화상자	SSTab1	Caption: 성명, 학과, 학년 Tabs: 3 TabsPerRow: 3 Text박스: txtName txtDept txtNumber
명령버튼	command1 command2	caption: 확인 caption: 종료

□ 소스코드

```
Private Sub Command1_Click()
Dim result As String
result = "성명:" + txtName.Text + Chr(13)
result = result + "학과:" + txtDept.Text + Chr(13)
result = result + "학번" + txtNumber.Text
MsgBox result, vbOKOnly, "주소록"
End Sub
```

```
Private Sub Command2_Click()
End
End Sub
```

스프레드시트 예제

예제 11.2

스프레드시트 프로그램을 만들 때는 MsFlexGrid컨트롤을 사용하면 된다. 이것을 Active-X컨트롤이라 한다. 이는 표준 도구모음(Tool Box)에 준비되어 있는 컨트롤들 외에 추가해서 사용할 수 있도록 되어 있는 컨트롤들을 말한다. Tool Box에서 마우스 오른쪽 버튼을 눌러 원하는 컨트롤을 선택을 하면 된다.

스프레드시트 프로그램을 시작시키고 폼의 이름을 Grid1으로 한 후 캡션은 SpreadSheet로 한다. 속성 윈도우를 사용해서 이 새로운 격자, Grid1의 Rows속성을 7로 맞추고, Cols속성을 같은 값으로 맞춘다.

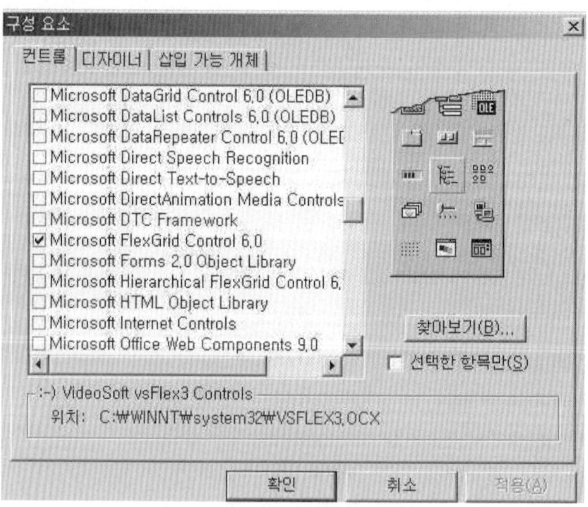

[구성요소화면]

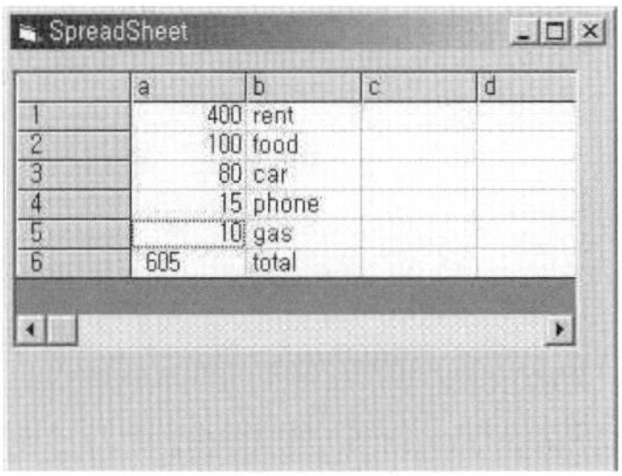

[결과화면]

□ 소스코드

```
Private Sub Form_Click()
Static items(6) As String
items(1) = "rent"
items(2) = "food"
items(3) = "car"
items(4) = "phone"
items(5) = "gas"
items(6) = "total"
grid1.Row = 1
For loop_index% = 1 To 6            '1~6까지 번호부여, Item(1)-Item(6)까지 번호부여
grid1.Col = 0                       '                        "
grid1.Row = loop_index%             '                        "
grid1.Text = Str$(loop_index%)      '                        "
grid1.Col = 2                       '                        "
grid1.Text = items(loop_index%)     '                        "
Next loop_index%
grid1.Col = 1
grid1.Row = 0
For loop_index% = 1 To 6                      'a ~ f까지 문자부여
grid1.Col = loop_index%                       '        "
```

```
grid1.Text = Chr$(Asc("a") - 1 + loop_index%)   '          "
Next loop_index%                                '          "
grid1.Row = 1                      '1st cell로 control을 옮긴다
grid1.Col = 1                      '                   "
End Sub

Private Sub grid1_KeyPress(KeyAscii As Integer)
grid1.Text = grid1.Text + Chr$(KeyAscii)
oldrow = grid1.Row                  '현재의 row, col좌표기억
oldcol = grid1.Col                  '            "
grid1.Col = 1                       '숫자합을 구한다
grid1.Row = 0                       '        "
Sum% = 0                            '        "
For row_index% = 1 To 5             '        "
grid1.Row = row_index%              '        "
Sum% = Sum% + Val(grid1.Text)       '        "
Next row_index%
grid1.Row = 6
grid1.Text = Str$(Sum%)             '합계출력
grid1.Row = oldrow                  '기억된 row,col기억
grid1.Col = oldcol                  '        "
End Sub
```

Chapter 12

그래픽

점 그리기

첫번째 공부할 그래픽 함수는 화면에 하나의 픽셀을 세트하는 Pset( ) 함수이다. 이 함수는 폼에 각 점들을 표시하거나 감춘다. 다음은 Pset의 형식을 보여준다.

```
FrmName.Pset [Step] (intX, intY)  [color]
```

ScaleX, ScaleY 속성을 사용하여 크기를 변경할 수도 있지만, 행과 열 0,0(Pset메소드에서 (intX, intY)에 사용되는 값)에서 교차하는 점은 폼의 왼쪽 상단의 픽셀을 가리킨다. 다음 문장은 폼의 왼쪽 상단으로부터 오른쪽으로 100픽셀 아래로 200픽셀 떨어진 점을 그린다.

```
Frmdraw. Pset (100, 200)
```

Pset( )을 사용하기 위해서 비주얼 베이직을 실행시킨 후 디폴트 폼의 캡션을 Form1으로 하고 속성 윈도우에서 AutoRedraw속성을 찾아 True로 변경하자. 좌표 시스템은 폼이나 그림 박스의 (0, 0)에서 시작한다. x와 y는 다음과 같이 각각 오른쪽과 아래쪽으로 갈수록 증가한다.

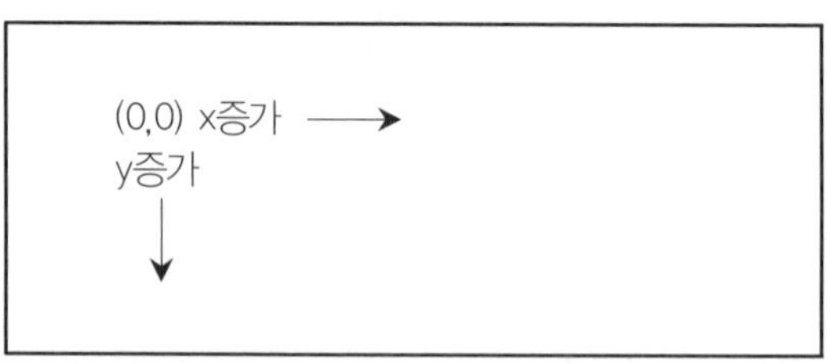

폼의 중앙에 픽셀을 그리려면 속성 윈도우에서 폼의 크기를 지정해야 되는 불편이 있다. 그러나 폼의 크기를 미리 알지 않고 픽셀을 가운데에 맞추는 다른 방법이 있다. 바로 ScaleWidth와 ScaleHeight 속성을 이용하는 것이다. 폼 또는 그림 박스에는 그 크기를 알려주는 네 개의 내장된 속성이 있다. 그들은 Height, Width, ScaleWidth, ScaleHeight이다.

선그리기

비주얼 베이직 툴박스에는 디자인 과정에서 선을 그릴 수 있게 해주는 새로운 툴이 있다. 그것은 바로 Line 컨트롤 툴이다. 이것은 윈도우를 디자인 할 때 밑줄을 넣거나 기타 강조 부분에 사용하기 좋다. 다음은 Line메소드의 형식을 보여준다.

```
[Object.] Line [[STEP](X1!, Y1!)]–[STEP](X2!, Y2!)(, [COLOR&], B[F])]
```

예제 12.1 다음은 2지점사이의 선을 그리는 프로그램입니다.

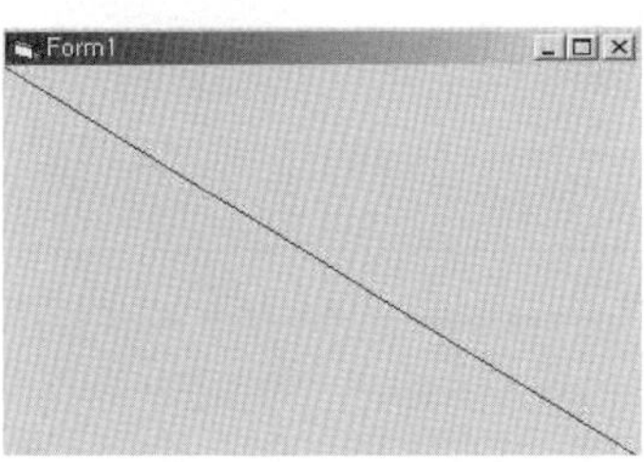

[대각선이 나타난 그래픽 윈도우]

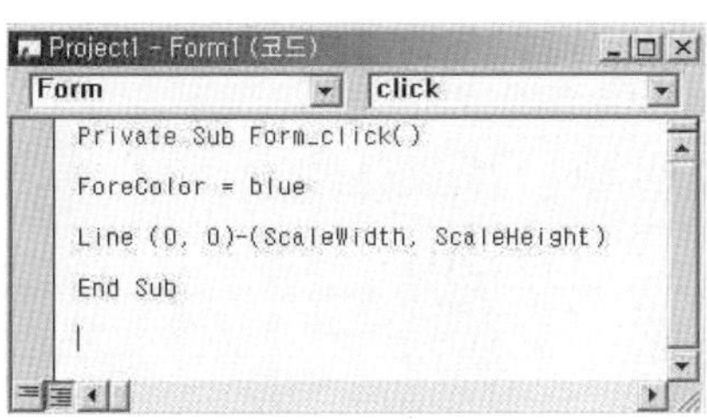

[소스코드 보기]

그래픽 펜은 그래픽을 나타낼 수 있는 각 개체에 연계되어 있다. 그래픽 펜에 연계된 속성 중의 하나는 DrawWidth 속성인데, 이를 사용하면 선의 두께를 변경할 수 있다. 이 그래픽 속성의 디폴트 값은 1로서, 이 선은 정확히 화면에서 1픽셀의 두께를 차지한다. 그러나 DrawWidth=2 등으로 값을 늘리면 선을 더 두껍게 할 수 있다.

예제 12.2 다음은 여러 두께의 선을 그리는 프로그램입니다.

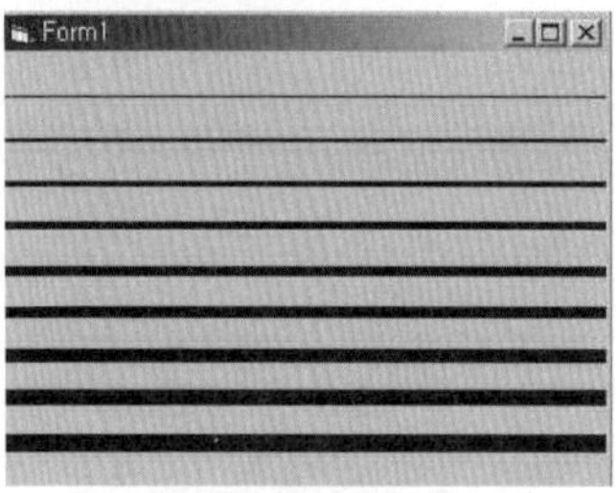

[여러 두께의 선]

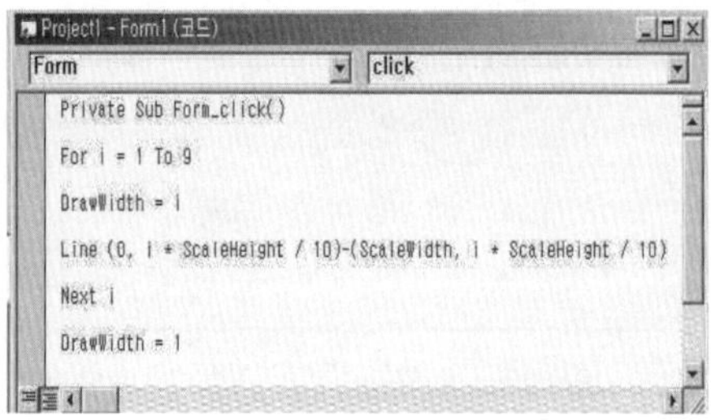


```
Private Sub Form_click()
For i = 1 To 9
DrawWidth = i
Line (0, i * ScaleHeight / 10)-(ScaleWidth, i * ScaleHeight / 10)
Next i
DrawWidth = 1
```

[선 소스 코드 보기]

선의 두께 뿐만 아니라 선의 형식을 지정할 수 있다. 즉 연속된 선으로 할 것인지 또는 점이나 대시(dash)로 이루어진 선으로 할 것인지를 지정할 수 있다. 선의 형식에는 연속된 선, 점선, 투명한 선 등 7종류가 있다.

[선의 형식 - DrawStyle 속성]

DrawStyle	결 과
0	연속된 선
1	대시로 이루어진 선
2	점으로 이루어진 선

DrawStyle	결　　　과
3	대시 – 점으로 이루어진 선
4	대시 – 점 – 점으로 이루어진 선
5	투명한 선(나타나지 않음)
6	내부선

예제 12.3 다음은 여러 종류의 선을 보여주는 프로그램입니다.

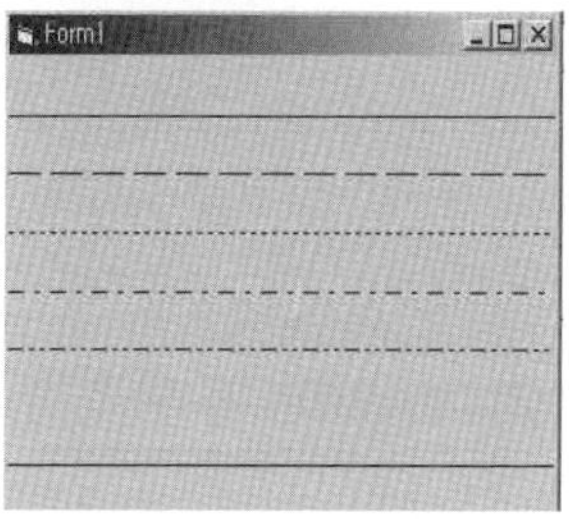

[선의 스타일을 보여주는 그래픽 윈도우]

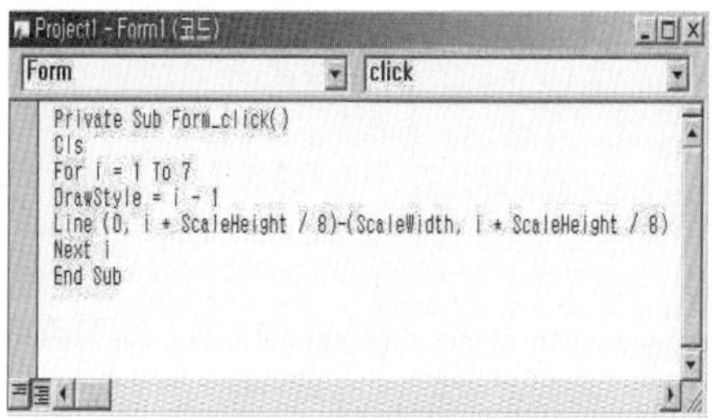


```
Private Sub Form_click()
Cls
For i = 1 To 7
DrawStyle = i - 1
Line (0, i * ScaleHeight / 8)-(ScaleWidth, i * ScaleHeight / 8)
Next i
End Sub
```

[소스코드]

[비주얼 베이직의 팬 스타일]

DrawMode	명　칭	의　　미
4	Not펜	펜의 역상을 그린다.
6	Invert펜	화면에 있는 것을 역상으로 그린다.
7	Xor펜	펜과 화면을 Xor한다.
11	No펜	아무것도 그리지 않는다.
13	Copy펜	펜을 직접 그린다.(디폴트)

예제 12.4 다음은 역상 현상을 보여주는 프로그램입니다.

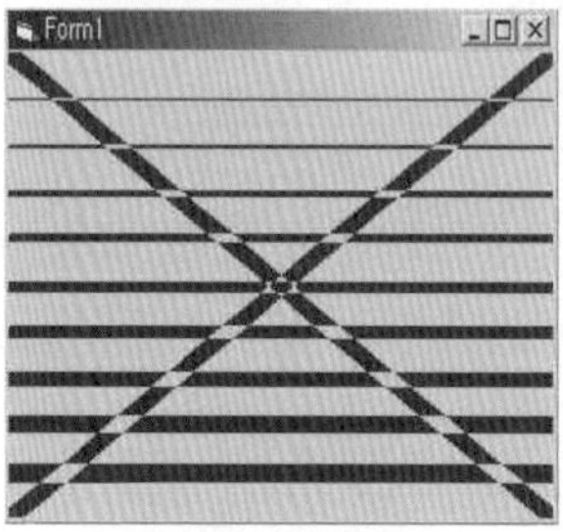

[Invert 펜의 예]

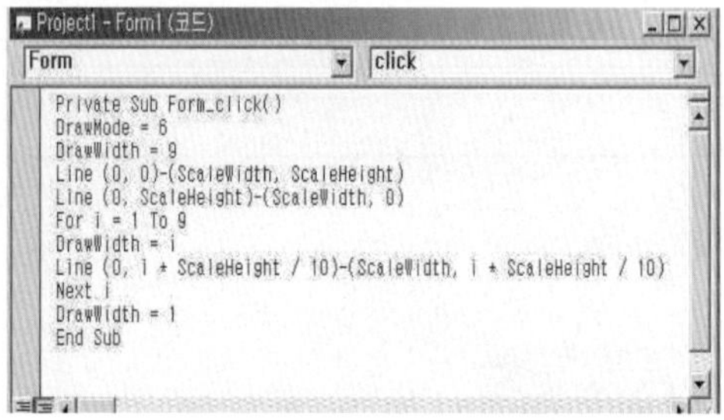

[소스코드 보기]

사각형 그리기

Shape컨트롤은 사각형, 타원, 정사각형, 원, 모서리가 둥근 사각형, 모서리가 둥근 정사각형등 여러 모양의 그림을 그릴 수 있게 해준다. 디자인 과정에서 Shape컨트롤의 Shape속성을 조정함으로써 어떤 모양을 그릴지 선택할 수 있다. 사용자가 폼을 클릭 할 때 그 사각형의 가로길이를 두 배로 늘리기 위해서는 다음의 코드를 실행시키면 된다.

```
Sub Form_Click( )
   Shape1. Width = 2 * Shape1.Width
 End Sub
```

일반적으로 그래픽 사각형을 만들기 위해서는 Line메소드를 사용하게 된다. 박스를 만들기 위해서는 B옵션을 사용해서 Line메소드를 단 한 번만 사용하면 된다.

[Object.] Line [[STEP](X1!, Y1!)]-[STEP](X2!, Y2!)(, [COLOR&], B[F])]

[Shape 속성 : 도형의 모양을 변화시키는 속성]

속성값	형 태	속성값	형 태
0	사각형	3	원형
1	정사각형	4	둥근 사각형
2	타원형	5	둥근 정사각형

예제 12.5 다음은 사각형을 그리는 프로그램입니다.

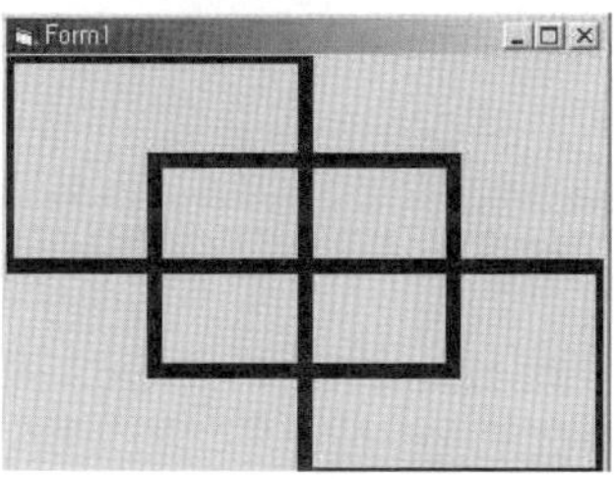

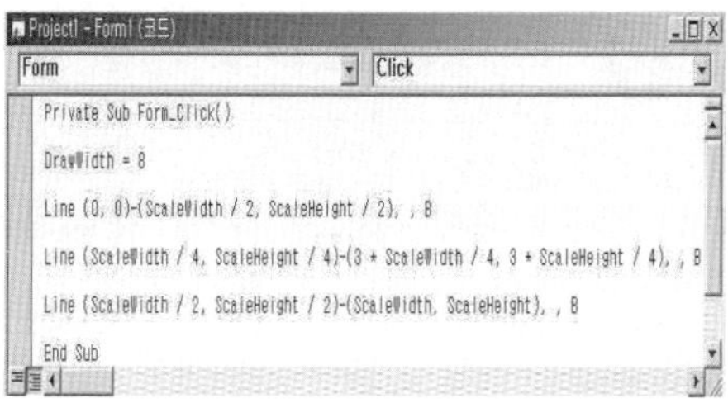

예제 12.6 다음은 사각형 교차부분의 역상을 보여주는 프로그램입니다.

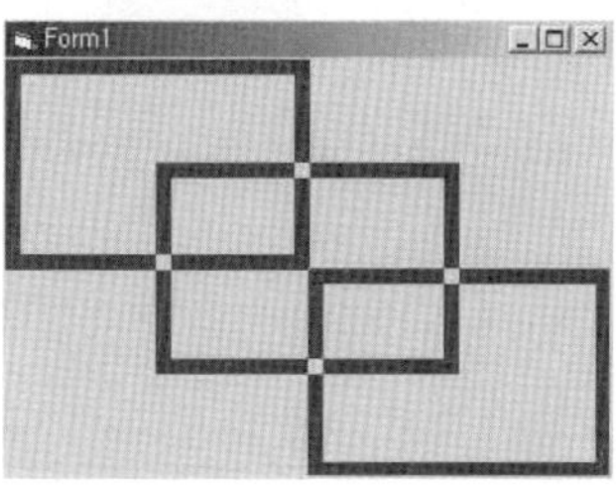

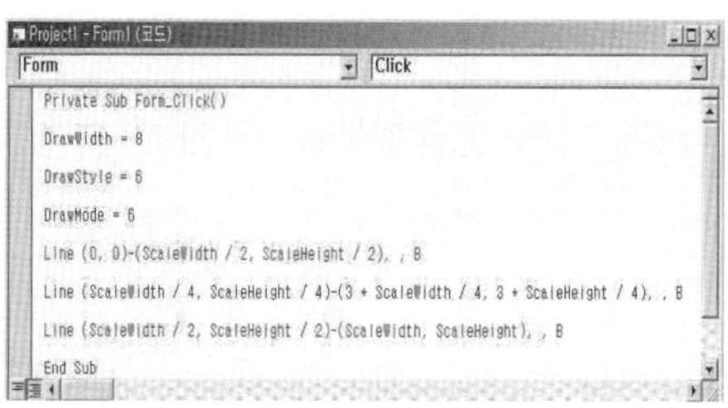

그림 내부에 무늬 추가하기

지금까지는 선에 의해 둘러 싸여진 그림들만 그렸지만 다른 효과를 줄 수 도 있다. 즉, 박스의 내부를 채울 채우기 패턴(fill pattern)을 지정 할 수 있다.

예제 12.7 다음은 사각형 내부를 무늬를 넣는 프로그램입니다.

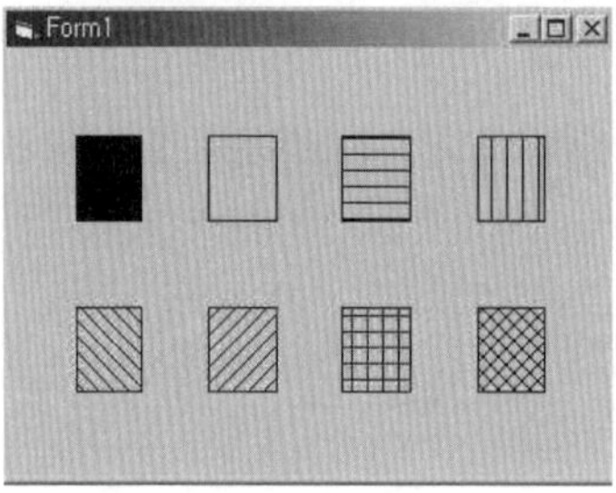

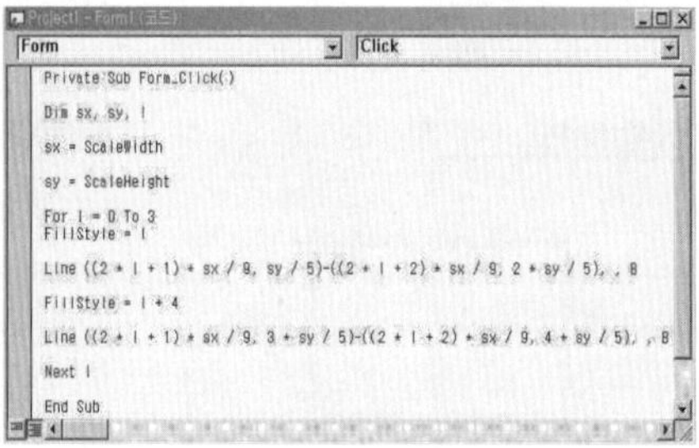

[채우기 옵션 - FillStyle 속성]

FillStyle	채우기 패턴
0	연속
1	투명(디폴트)
2	수평선
3	수직선
4	상향 대각선
5	하향 대각선
6	그물 모양
7	대각선 그물 모양

원그리기

원을 그리는 방법은 Circle메소드를 사용하면 된다.

[Object], Circle [Step] (x!, y!), radius! [,[Color&][,[start!] [,[end!][,aspect!]]]]

여기서 (x!, y!)는 원의 중심을, radius!는 그 반지름을 나타낸다. 또한 시작점과 끝점을 지정하면 호를 그릴 수 있다. Circle메소드를 이용하면 타원이나 호도 그릴 수 있다. 타원을 그리기 위해서는 Circle메소드에 aspect인자를 사용한다. aspect비율은 타원의 수직 대 수평의 비율을 나타낸다.

예제 12.8 다음은 원 내부에 무늬를 넣는 프로그램입니다.

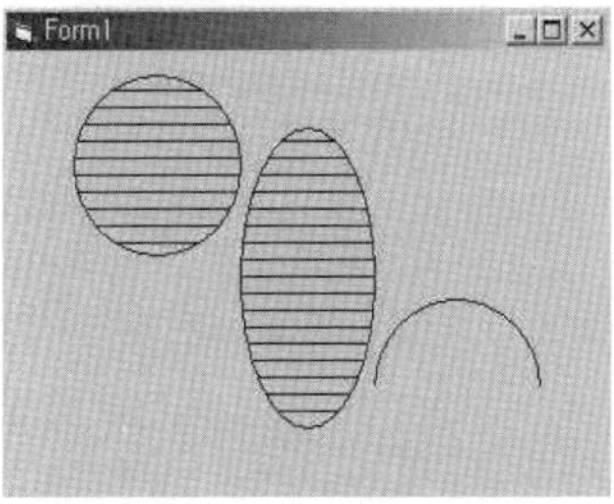

Project1 - Form1 (코드)

Form | Click

```
Private Sub Form_Click()

FillStyle = 2

Circle (ScaleWidth / 4, ScaleHeight / 4), ScaleHeight / 5

Circle (ScaleWidth / 2, ScaleHeight / 2), ScaleHeight / 3, , , , 2
Circle (3 + ScaleWidth / 4, 3 + ScaleHeight / 4), ScaleHeight / 5, , 0, 3.1414

End Sub
```

비주얼 베이직에서 텍스트 나타내기

비주얼 베이직에서 그래픽 텍스트 컨트롤(텍스트 중심 컨트롤에는 나타나지 않는 텍스트)는 폼, 그림박스, 프린터 등 세 가지 위치에서 출력될 수 있다. 그래픽 텍스트를 프린트하기 위해서는 Print메소드를 사용하면 된다. 이것은 메소드이기 때문에 개체의 이름과 함께 사용해야 한다.

예제 12.9 다음은 화면에 텍스트를 나타내는 프로그램입니다.

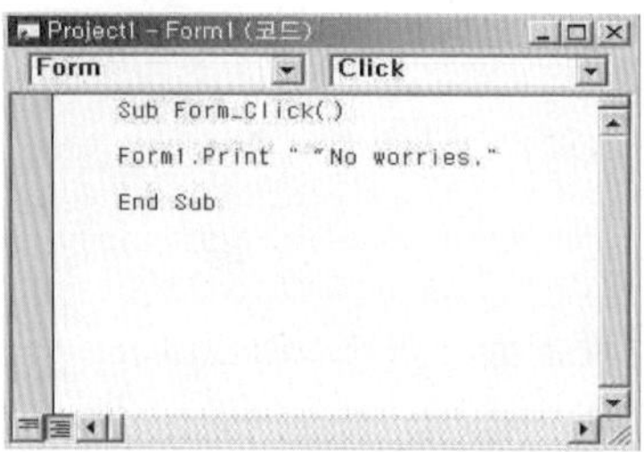

예제 12.10 다음은 폼의 중앙에 텍스트를 나타내는 프로그램입니다.

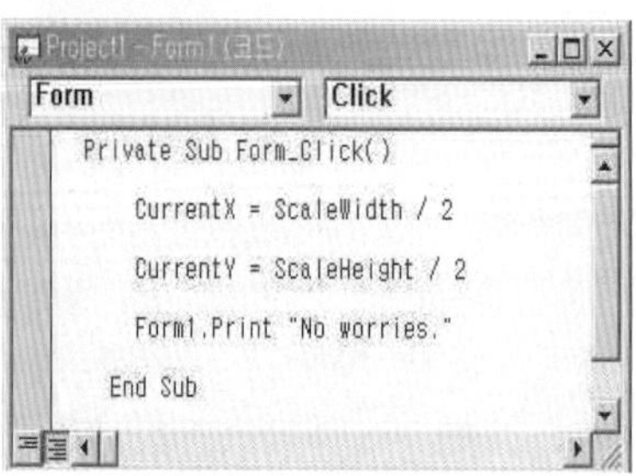

예제 12.11 다음은 탭이 삽입된 텍스트를 출력하는 프로그램입니다.

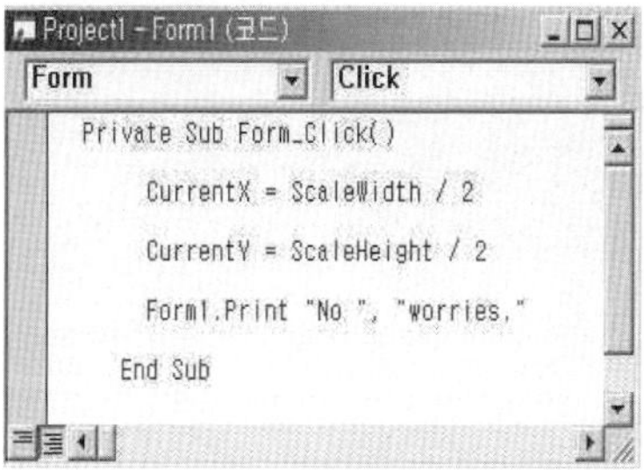

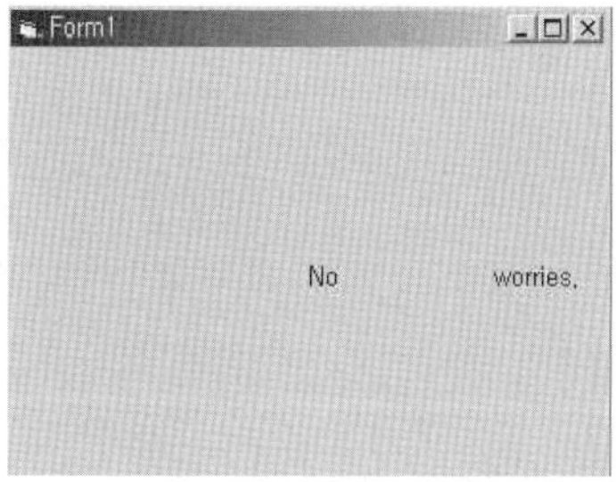

예제 12.12 다음은 탭기능으로 도표와 텍스트를 출력하는 프로그램입니다.

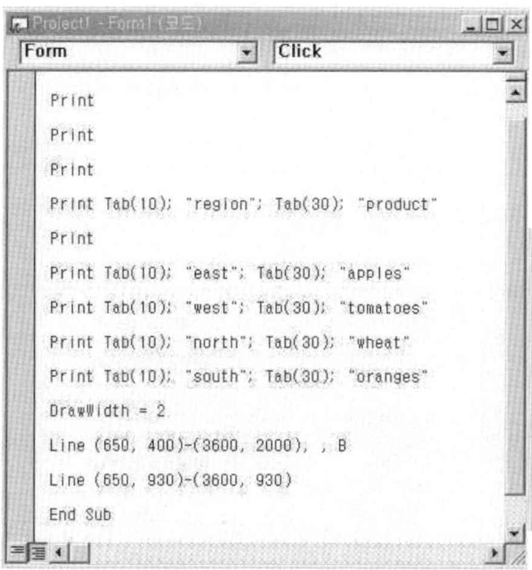

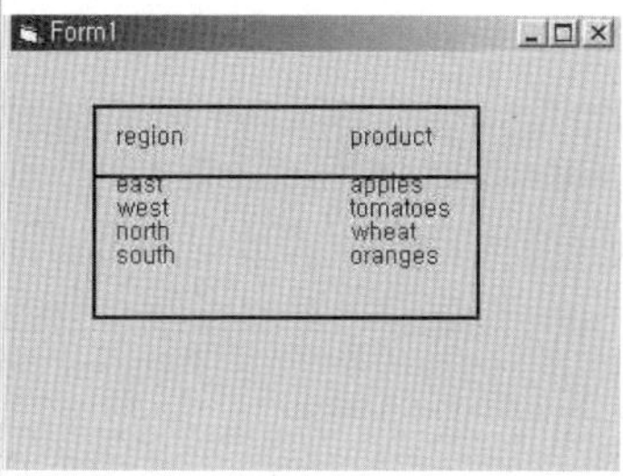

예제 12.13 다음 프로그램은 여러 모양의 도형을 그리는 간단한 그래픽 프로그램입니다. 특히 본 프로그램은 여러 종류의 마우스와 관련된 여러 종류의 이벤트를 경험할 수 있습니다.

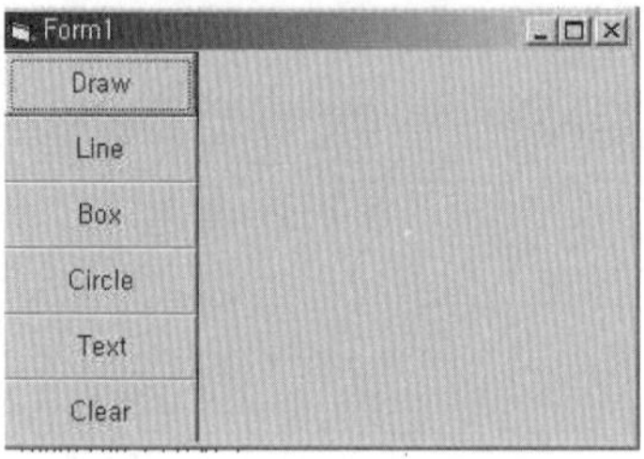

□ 모듈1

```
Global anchorx As Integer
Global anchory As Integer
Global drawflag As Integer
Global lineflag As Integer
Global boxflag As Integer
Global circleflag As Integer
Global textflag As Integer
```

컨트롤 종류	컨트롤명	속 성	설 정
Command Button	Command1	이름	drawbutton
		Caption	"Draw"
Command Button	Command2	이름	linebutton
		Caption	"Line"
Command Button	Command3	이름	Boxbutton
		Caption	"Box"
Command Button	Command4	이름	circlebutton
		Caption	"Circle"

컨트롤 종류	컨트롤명	속 성	설 정
Command Button	Command5	이름	textbutton
		Caption	"Text"
Command Button	Command6	이름	clearbutton
		Caption	"Clear"

□ Form1의 소스코드

```
Private Sub drawbutton_Click()
drawflag = True
lineflag = False
boxflag = False
circleflag = False
textflag = False
End Sub

Private Sub Linebutton_Click()
drawflag = False
lineflag = True
boxflag = False
circleflag = False
textflag = False
End Sub

Private Sub Boxbutton_Click()
drawflag = False
lineflag = False
boxflag = True
circleflag = False
textflag = False
```

```
End Sub

Private Sub circlebutton_Click()
drawflag = False
lineflag = False
boxflag = False
circleflag = True
textflag = False
End Sub

Private Sub textbutton_Click()
drawflag = False
lineflag = False
boxflag = False
circleflag = False
textflag = True
End Sub

Private Sub Clearbutton_Click()
Cls
End Sub

If lineflag Then
tempfore& = ForeColor
tempmode% = DrawMode
ForeColor = BackColor
DrawMode = 7
Line (anchorx, anchory)-(CurrentX, CurrentY)
Line (anchorx, anchory)-(X, Y)
ForeColor = tempfore&
DrawMode = tempmode%
```

```
End If

If boxflag Then
tempfore& = ForeColor
tempmode% = DrawMode
ForeColor = BackColor
DrawMode = 7
Line (anchorx, anchory)-(CurrentX, CurrentY), , B
Line (anchorx, anchory)-(X, Y), , B
ForeColor = tempfore&
DrawMode = tempmode%
End If

If circleflag Then
tempfore& = ForeColor
tempmode% = DrawMode
ForeColor = BackColor
DrawMode = 7
radius! = Sqr((anchorx - X) ^ 2 + (anchory - Y) ^ 2)
Circle (anchorx, anchory), radius!
CurrentX = X
CurrentY = Y
ForeColor = tempfore&
DrawMode = tempmode%
End If

If circleflag Then
radius! = Sqr((anchorx - X) ^ 2 + (anchory - Y) ^ 2)
Circle (anchorx, anchory), radius!
End If
```

```
Private Sub Form_MouseDown(Button As Integer, Shift As Integer, X As Single, Y As Single)
If Button = 1 Then
anchorx = X
anchory = Y
CurrentX = X
CurrentY = Y
End If
End Sub

Private Sub Form_MouseMove(Button As Integer, Shift As Integer, X As Single, Y As Single)
If Button = 1 Then
If drawflag Then
Line -(X, Y)
End If
End If
End Sub

Private Sub Form_MouseUp(Button As Integer, Shift As Integer, X As Single, Y As Single)
If Button = 1 Then
If lineflag Then
Line (anchorx, anchory)-(X, Y)
End If
End If
End Sub

Private Sub textbutton_keypress(keyAscii As Integer)
Print Chr$(keyAscii);
End Sub
```

Chapter 13

파일처리

DriveListBox

DriveListBox는 실행 모드에서 현재 시스템에 사용되는 디스크 드라이브를 나타내고, 사용자가 선택할 수 있도록 해준다. 일반적으로 이 컨트롤은 DriveListBox와 FileListBox 컨트롤들을 함께 연결하여 사용한다. 이 컨트롤에서 꼭 알아야 할 속성은 Drive 속성이다. 이 속성은 현재 DriveListBox 컨트롤 상에 선택된 드라이브 명을 리턴한다. List, ListCount, ListIndex 속성을 이용하면, 현재 리스트 되어 있는 아이템들(각 드라이브)에 접근할 수 있다.

DirListBox

DirListBox 컨트롤은 실행모드에서 선택한 드라이브에 연결된 디렉토리를 나타낸다. 여기에 나타난 디렉토리들은 윈도우에서 볼 수 있는 계층적 리스트로 표시된다. 이때, 사용자는 나타난 디렉토리 리스트에서 특정 디렉토리를 선택할 수 있다. DirListBox는 DirListBox와 FileListBox를 함께 결합하여 사용한다. Path속성은 실행모드에서 DirListBox에 디렉토리 경로를 설정하거나 선택한 디렉토리의 경로를 리턴한다.

FileListBox

FileListBox 컨트롤은 DirListBox 컨트롤에서 변경한 디렉토리에 있는 파일들을 열거한다. 즉, 이 컨트롤은 [Drive → Directory → File] 선택의 마지막 단계에 이용되는 컨트롤로써, 디렉토리 안에 있는 실제 파일들을 디스플레이 하는데 사용된다.

예제 13.1 본 예제는 파일 시스템 컨트롤을 이용해서 선택한 파일의 경로를 출력하는 프로그램입니다.

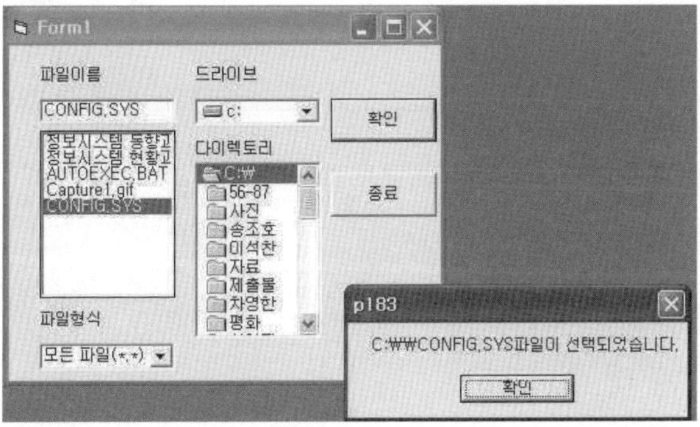

컨트롤	속 성	값
DriveListBox	Name	Drive1
DirListBox	Name	Dir1
FileListBox	Name	File1
ComboBox	Name	Combo1
TextBox	Name	Text1
CommandButton1	Name	Command1
	Caption	확인
CommandButton2	Name	Command2
	Caption	종료
Label1·2·3·4	Caption	파일이름, 드라이브, 디렉토리, 파일형식

□ 소스코드

```
Private Sub Form_Load()
Combo1.AddItem "프로젝트 파일(*.vbp)"
Combo1.AddItem "폼 파일(*.frm)"
```

```
Combo1.AddItem "실행 파일(*.exe)"
Combo1.AddItem "모든 파일(*.*)"
Combo1.ListIndex = 0
End Sub

Private Sub Drive1_Change()
Dir1.Path = Drive1.Drive
End Sub

Private Sub Dir1_Change()
File1.Path = Dir1.Path
End Sub

Private Sub Combo1_Click()
Select Case Combo1.ListIndex
Case 0: File1.Pattern = "*.vbp"
Case 1: File1.Pattern = "*.frm"
Case 2: File1.Pattern = "*.exe"
Case 3: File1.Pattern = "*.*"
End Select
End Sub

Private Sub File1_Click()
Text1.Text = File1.FileName
End Sub

Private Sub Command1_Click()
MsgBox File1.Path & "\" & File1.FileName & "파일이 선택되었습니다."
End Sub

Private Sub File1_DblClick()
```

```
Command1_Click
End Sub

Private Sub Command2_Click()
End
End Sub
```

예제 13.2 앞서 만든 에디터 프로그램에 파일 기능을 추가하자. 폼을 하나 더 추가해서 Name을 SaveForm이라고 하고 Save File…이라는 캡션을 부여하자. 텍스트 박스의 Name은 FilenameBox이며 텍스트 박스위에 레이블을 추가해서 캡션을 Save File As:로 한다. 그리고 OK버튼의 Dafault속성을 True로 맞추고 Cancel버튼을 추가하자.

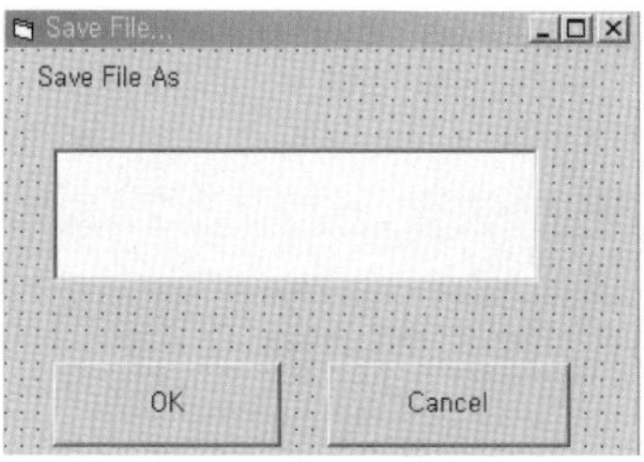

[파일이름저장화면]

□ Saveform

컨트롤 종류	컨트롤 이름	속성
라벨	Label1	Caption: Save File As
텍스트박스	Text1	
명령버튼	Okbutton Calcelbutton	Caption: Ok Caption: Cancel

□ 소스코드

```
Private sub cancelbutton_Click()
saveform.Hide
End Sub

Private Sub Okbutton_Click()
On Error Goto fileerror
Open Filenamebox.Text For Output As #1  'filenamebox에 나타난 파일명을 #1
파일명으로 open하면서 파일내용을 받을 준비
Print #1, Form1. Text!. Text  'text내용을 #1파일명에 저장
Close #1
saveform.Hide
Exit Sub
fileerror:
MsgBox "file error"m 48, :editor"
Resume
End Sub
```

비주얼 베이직의 파일 컨트롤 사용

비주얼 베이직의 파일 컨트롤에는 디스크 리스트 박스, 디렉토리 리스트 박스, 파일 리스트 박스 등이 있다. 에디터 프로그램에서 Save File 폼 다음으로 폼을 하나 더 추가해서 이 폼의 이름은 Loadform으로 하고 캡션은 Load File…으로 한다. 그리고 폼 위에 OK버튼과 Cancel 버튼을 위치시킨다. 툴박스에서 타이머 툴 옆에 있는 드라이브 리스트 툴을 더블클릭해서 드라이브 리스트 박스를 추가한다. 디렉토리 리스트 박스와 파일 리스트 박스도 더블클릭해서 배열시킨다. 여기서 Form1의

소스코드를 다음과 같이 변경해야 한다.

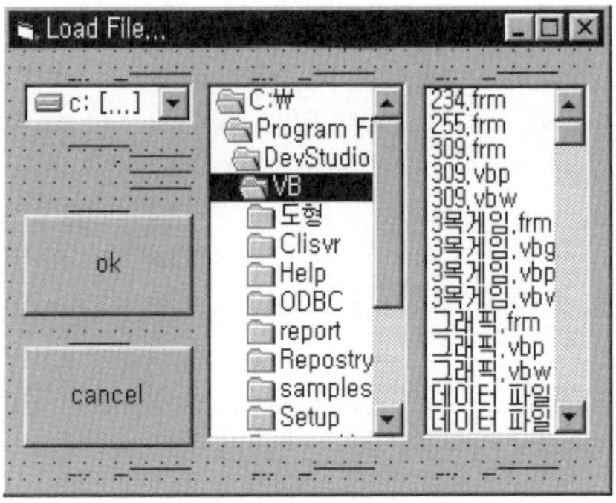

[불러오기화면]

□ Loadform

컨트롤 종류	컨트롤명	속 성	설 정
form	form	이름	loadform
		Caption	"Load File..."
CommandButton1	Cancelbutton	Caption	"Cancel"
CommandButton2	okbutton	Caption	"OK"
Drivelistbox	Drivelistbox	이름	Drive1
Dirlistbox	Dirlistbox	이름	Dir1
FileListBox	FileListBox	이름	File1

□ 소스코드

```
Private Sub Drive1_Change() '주어진 drive른 선택하면
Dir1.Path = Drive1.Drive      'drive내의 directory를 보여줌
End Sub
```

```
Private Sub Dir1_Change()      '주어진 directory를 선택하면
File1.Path = Dir1.Path         'directory내의 파일을 보여줌
End Sub

Private Sub okbutton_Click()
On Error GoTo fileerror
If (Right$(Dir1.Path, 1) = "\") Then
FileName$ = Dir1.Path + File1.FileName
Else
FileName$ = Dir1.Path + "\" + File1.FileName
End If

Dim irum
Open FileName$ For Input As #1   '선택한 파일의 내용을 #1파일에 옮김
Input #1, irum                   '#1파일의 내용을 form1.text1.text로 옮김
Form1.Text1.Text = irum
Close #1
loadform.Hide
Exit Sub

Dim a
fileerror:
a = MsgBox("file error", vbYesNo + vbQuestion, "종료확인")
If a = vbYes Then
MsgBox "프로그램을 종료합니다", vbOKOnly + vbExclamation, "그만!!"
End
ElseIf a = vbNo Then
MsgBox "취소하셨습니다", vbOKOnly + vbInformation, "종료 취소"
End If
Resume
End Sub
```

```
Private Sub cancelbutton_Click()
loadform.Hide
End Sub
```

에러처리 디버깅

비주얼 베이직에서 발생할 수 있는 두 가지 에러 형태, 즉 런타임 에러(Run-Time Error)와 버그(bug)를 처리하는 방법을 알아보도록 한다. 버그는 코드의 논리적인 문제에서 발생되는 에러인 반면, 런타임 에러는 프로그램이 조정할 수 있는 범위를 넘어선 환경에 의해 발생되는 에러이다(예를들면, "Disk not ready", 나 "File not found" 등) 런타임 에러는 비주얼 베이직에서 트래퍼블 에러(trappable error)라고 부른다.

즉, 비주얼 베이직은 에러가 있다는 것을 인식하고는 우리가 그것을 잡아서 알맞은 행동을 취할 수 있도록 해준다. 이와 반대인 언트래퍼블 에러(untrappable error)는 오직 디자인 과정에서만 발생한다. 다음은 발생할 수 있는 에러들 중의 가장 많은 경우를 차지하는 것이 파일 처리 부분이다. 제거된 디스크에 있는 파일을 읽으라고 요청하면 파일 에러가 일어났음을 알려주는 메시지 박스가 나타난다.

On Error Goto문

트래퍼블 에러를 잡는 방법은 On Error Goto문을 사용하는 것이다. 프로시저에서 이와 같은 조정권은 지정된 레이블로 점프한다. 지금 경우에 그 레이블은 Fileerror이다. Goto문은 조정권을 프로그램에서 새로운 위치로 이동시킨다.

□ 소스코드

```
Private Sub okbutton_Click()
On Error GoTo fileerror
If (Right$(Dir1.Path, 1) = "\") Then
filename$ = Dir1.Path + File1.filename
Else
filename$ = Dir1.Path + "\" + File1.filename
End If
Open filename$ For Input As #1
Form1.Text1.Text = Input$(LOF(1), #1)
Close #1
loadform.Hide
Exit Sub
fileerror:
msgbox "file error", 48, "editor"
Resume
End Sub
```

Err함수와 Erl함수

어떤 에러가 발생했는지를 알아내기 위해서는 에러 번호를 리턴해주는 Err( )함수를 사용하면 된다. Err( )함수에는 모든 트래퍼블 에러들이 포함되어 있다. 또한 이러한 에러들을 잡을 수 있다면, 그들을 고칠 수 있는 가능성도 존재하게 된다.

□ 소스코드 보기

```
Private Sub okbutton_Click()
On Error GoTo fileerror
If (Right$(Dir1.Path, 1) = "\") Then
filename$ = Dir1.Path + File1.filename
Else
filename$ = Dir1.Path + "\" + File1.filename
End If
Open filename$ For Input As #1
Form1.Text1.Text = Input$(LOF(1), #1)
Close #1
loadform.Hide
Exit Sub
fileerror:
msgbox "file error" + Str$ (Err), 48,  "editor"
Resume
End Sub
```

디스크에서 파일을 선택하고 디스크를 제거한 후 그것을 읽으려 시도하면, 메시지 박스에 "File Error 75" 이라는 메시지가 나타나는 것을 볼 수 있다. 이것은 경로/파일 액세스 에러를 의미한다는 것을 알 수 있다.

[에러 번호가 나타난 에디터 애플리케이션]

Erl( )함수를 사용해서 에러가 발생한 행 번호를 보고할 수 있다. 이 함수는 에러를 발생시킨 구문의 현재 프로시저에서의 행 번호를 나타내는 숫자를 리턴한다. Erl( )을 사용하려면 다음과 같이 행번호를 사용해야 한다.

Resume문

Resume문은 사용자가 올바른 조치를 취한 후에 에러를 일으킨 작업을 다시 시도할 수 있게 해준다. 비주얼 베이직이 에러 처리기에서 Resume문을 만나면, 에러 처리기를 떠나서 에러를 일으킨 구문으로 돌아간다. 다시 말해서 Resume문은 작업을 다시 시도할 수 있게 해주는 것이다.

파일을 열려고 시도하는데 문제가 발생하면 에러메시지를 나타내고 사용자가 어떤 적당한 조치를 취하게 한 다음 다시 그 파일을 열려고 시도한다. 그러나 사용자가 결국 파일을 열지 않기로 결정하면 그 Sub 프로시저를 빠져 나갈 수 있는 방법을 제공해야 한다. 이를 위해서는 OK버튼과 Cancel버튼을 가진 메시지 박스를 사용하면 된다.

□ 소스 코드 보기

```
Private Sub okbutton_Click()
On Error GoTo fileerror
If (Right$(Dir1.Path, 1) = "\") Then
filename$ = Dir1.Path + File1.filename
Else
filename$ = Dir1.Path + "\" + File1.filename
```

```
End If
Open filename$ For Input As #1
Form1.Text1.Text = Input$(LOF(1), #1)
Close #1
loadform.Hide
Exit Sub
fileerror:
msg$ = Error$(Err)
Select Case Err
Case 7
msg$ = "file is too big to open"
Case 57, 68, 71, 72
msg$ = "please check the disk and try again"
Case 67
msg$ = "too many files open. close some and try again."
End Select
response% = MsgBox(msg$, 49, "editor")
If response% = 1 Then
Resume
Else
Exit Sub
End If
End Sub
```

예제 13.3

외부 문자열을 순차 파일로 저장한 후 순차 파일을 다시 TextBox 컨트롤로 읽어오도록 하는 프로그램이다.

컨트롤 종류	컨트롤명	속성	설정값
텍스트박스	Text1	MultiLine Text	True 없음
명령버튼	Command1	caption	LineInput # 읽기
	Command2	caption	저장

□ 소스코드

```
Option Explicit
Dim FileNumber, FileContent, LineContent
Private Sub Command1_Click()
 FileNumber = FreeFile

 Open "seq.txt" For Input As FileNumber
 FileContent = " "

 Do Until EOF(FileNumber)
  Line Input #FileNumber, LineContent
  FileContent = FileContent & LineContent & vbCrLf
 Loop
```

```
 Close #FileNumber
 Text1.Text = FileContent
 End Sub
Private Sub Command2_Click()
 FileNumber = FreeFile

 Open "seq.txt" For Output As FileNumber

 Print #FileNumber, Text1.Text
 Close #FileNumber
End Sub
```

저 자 약 력

손 달 호

경북대학교 학사
미국 텍사스공대 석사 및 박사
대구 테크노파크 기획실장
미국 하버드대학 교환교수
뉴질랜드 빅토리아대학 교환교수
현 계명대학교 경영정보학과 교수

비주얼베이직 VISUAL BASIC

2012년 8월 27일 초판 1쇄 발행
2012년 9월 14일 초판 2쇄 발행
2014년 9월 1일 초판 3쇄 발행

지은이 **손 달 호**
펴낸이 **신 일 희**
펴낸곳 계명대학교 출판부
주 소 (704-701) 대구광역시 달서구 달구벌대로 1095
TEL: (053)580-6233
FAX: (053)580-6235
홈페이지: www.kmupress.com
출판등록: 1970. 9. 1(제347-1998-1호)

ISBN 978-89-7585-596-2 13000 정가 8,000원
*잘못된 책은 교환하여 드립니다.
